一問一答シリーズ

# 一問一答
●
# 令和元年
# 民法等改正
## 特別養子制度の見直し

大阪地方裁判所判事
（前法務省民事局参事官）
**山口敦士**
法務省民事局付
**倉重龍輔**
●
編著

商事法務

# ●はしがき

　特別養子制度の見直しを内容とする「民法等の一部を改正する法律」(令和元年法律第 34 号。以下、本書において「改正法」という。)は、第 198 回国会において、令和元年 6 月 7 日に成立し、同月 14 日に公布された。改正法は、令和 2 年 4 月 1 日から施行される(令和元年政令第 190 号)。

　特別養子制度は、昭和 62 年の民法改正(昭和 62 年法律第 101 号。昭和 63 年 1 月 1 日施行)によって創設されたものであり、家庭に恵まれない子に温かい家庭を提供し、その健全な成長を図ることを目的とする、専ら子の利益を図るための制度である。特別養子縁組は、現に児童養護施設に入所している児童等に家庭的な養育環境を提供するための選択肢となり得るものであるが、児童福祉の現場からは、特別養子縁組の成立要件や、審判手続について、利用しにくい点があるとの指摘がされていた。

　このような指摘を踏まえ、改正法では、特別養子制度の利用を促進し、家庭的な環境の下で養育をすることが適切な子が、その必要に応じて制度を利用することができるようにするために、民法の一部を改正して、養子となる者の年齢の上限を引き上げるとともに、家事事件手続法及び児童福祉法の一部を改正して、特別養子縁組の成立の審判手続を合理化することとしている。

　本書は、一問一答の形式により、改正法の趣旨やその内容を分かりやすく解説するものである。また、本書には、家事事件手続法の改正部分について、逐条で簡潔な解説をする部分も設けている。本書の執筆は、編著者である山口及び倉重のほか、法務省民事局において法案の立案作業に関与した吉野秀保、満田悟、大嶋真理子及び佐藤博行が分担して行い、全体の調整は編著者が行った。

　なお、執筆に当たっては、法務省民事局において特別養子制度の見直し作業に従事した笹井朋昭氏や法案の国会審議に従事した神吉康二、脇村真治、宇野直紀、小川貴裕及び澤村雄太の各氏から、貴重な助言等をいただいた。もとより、本書中意見にわたる部分は筆者らの個人的見解を述べたものにすぎず、その内容についての責任もひとえに筆者らが負うべきものである。

　改正法が成立するまでには、法制審議会特別養子制度部会で部会長を務められ、また、公益社団法人商事法務研究会に設けられた「特別養子を中心と

した養子制度の在り方に関する研究会」で座長を務められた大村敦志東京大学大学院法学政治学研究科教授（現学習院大学大学院法務研究科教授）をはじめ、同部会及び同研究会の各委員・幹事・関係官など、多くの方のご指導、ご協力をいただいた。また、厚生労働省子ども家庭局及び最高裁判所事務総局家庭局の担当者の方々には、改正法案の立案から国会審議に至るまで、大変お世話になった。この場を借りて、心より御礼を申し上げる。

　本書の刊行に当たっては、株式会社商事法務の岩佐智樹氏、下稲葉かすみ氏及び水石曜一郎氏のご尽力を賜った。記して、謝意を表する次第である。


　令和2年1月
　　　　　　　　　　大阪地方裁判所判事（前法務省民事局参事官）　山口　敦士
　　　　　　　　　　　　　　　　　　　法務省民事局付　　倉重　龍輔

一問一答　令和元年民法等改正
──特別養子制度の見直し

もくじ

## 第3章　特別養子縁組の成立手続の見直し

**第2節　第1段階の審判事件の手続（総論）**

もくじ vii

Q41 第1段階の特別養子適格の確認の審判がされた場合において、第2段階の特別養子縁組の成立の審判の申立てが却下されたときは、第1段階の審判はどうなるのか（家事事件手続法第164条の2第14項関係）。 64

**第3節 児童相談所長の第1段階の審判事件の手続への関与**

Q42 第1段階の審判事件の手続について、児童相談所長に申立権を認めたのはなぜか（児童福祉法第33条の6の2第1項関係）。 66

Q43 児童相談所長は、具体的な養親候補者が決まっていない時点で第1段階の審判（児童相談所長の申立てによる特別養子適格の確認の審判）の申立てをすることができるか（児童福祉法第33条の6の2関係）。 68

Q44 児童相談所長は、特定の養親候補者との関係でのみ第1段階の特別養子適格の確認の審判の申立てをすることができるか（児童福祉法第33条の6の2第1項関係）。 69

Q45 児童相談所長は、外国に住む子について、児童相談所長の申立てによる特別養子適格の確認の審判の申立てをすることができるか（児童福祉法第33条の6の2第1項関係）。 72

Q46 児童相談所長が、養親となるべき者の申立てによる第1段階の特別養子適格の確認の審判事件の手続に参加することができることとしたのはなぜか（児童福祉法第33条の6の3関係）。 73

Q47 家事事件手続法にはもともと手続参加の規定があるのに、新たに児童相談所長の手続参加に関する規定を設けたのはなぜか（児童福祉法第33条の6の3関係）。 74

**第4節 特別養子縁組の成立についての実親の同意の撤回制限**

Q48 特別養子縁組の成立についての実親の同意の撤回制限に関する規定を設けたのはなぜか（家事事件手続法第164条の2第5項、第239条第2項関係）。 75

Q49 今回の改正法の施行後も、実親は特別養子縁組の成立について撤回が制限されない同意をすることもできるのか（家事事件手続法第164条の2第5項、第239条第2項関係）。 76

Q50 特別養子縁組の成立についての実親の同意のうち、撤回が制限され得るものを、実親が家庭裁判所調査官の調査を経て書面によりしたものや、審問期日においてしたものに限ったのはなぜか（家事事件手続法第164条の2第5項第2号、第239条第2項関係）。 77

Q51 特別養子縁組の成立についての実親の同意のうち、撤回が制限され得るものを、養子となるべき者の出生から2か月が経過した後にされたものに限っ

・・・・・・・・・・・・・・・・・・・・・・・・・・・・・・・・・・・・・・・・・・・・・・・・・・・・・・・・

## 第 2 編　逐条解説──特別養子縁組の成立手続の見直し
##             （家事事件手続法及び児童福祉法）

### 第 1 章　総論（特別養子縁組の成立に関する規律の見直し）

### 第 2 章　各論（逐条解説）

**新家事事件手続法第 164 条　　118**

## 第3編　資　　料

# 第**1**編

## 一問一答

## 第1章 ｜ 総　　論

**A**　1　特別養子制度は、家庭に恵まれない子に温かい家庭を提供してその健全な成長を図ることを目的として創設された、専ら子の利益を図るための制度であり、現に児童養護施設に入所している児童等に家庭的な養育環境を提供するための選択肢となり得るものである。

2　近時の報告によれば、児童養護施設に入所している等、社会的な養護を必要としている児童は、平成30年3月末の時点で約4万5000人に上っており、その中には、特別養子縁組によって、家庭と同様の養育環境において継続的に養育を受けることが望ましい者もいるとの指摘がある。しかし、特別養子縁組の成立件数は、年間500件から600件程度にとどまっている。

3　この点について、児童相談所及び民間の養子縁組あっせん団体を対象とした調査の結果によれば、選択肢として特別養子縁組を検討すべき事案であるのに、養子となる者の年齢の上限等の法律上の要件を満たさないこと等が原因で特別養子制度を利用することができなかった事案が相当数報告されている[注]。

また、特別養子縁組の成立に必要な養子となる者の父母（以下「実親」という。）の同意は特別養子縁組の成立の審判が確定するまでいつでも撤回することができるとされているため、児童福祉の現場からは、養親となる者は、実親が縁組の成立にあらかじめ同意している場合であっても、その同意が後に撤回されることを恐れて、申立てを躊躇することがあるとの指摘がされている。

さらに、特別養子縁組の成立の審判事件の手続が養親となる者のみの申立てによることとされていることから、養親となる者が、審判手続において、

申立人として実親と対峙した上で、実親による養育が著しく不適当であること等について事実上主張立証を求められる場合があるために、養親となる者が申立てを躊躇することがあるとの指摘もされている。

4　そこで、改正法では、特別養子制度の利用を促進し、家庭的な環境の下で養育をすることが適切な子がその必要に応じて制度を利用することができるようにするために、養子となる者の年齢の上限を引き上げるとともに、一定の要件の下で実親の同意の撤回を制限し、さらには、養親となる者が安心して手続を進められるようにするために児童相談所長の手続関与を認めることとする等、特別養子縁組の成立の手続を合理化することとしている。

（注）厚生労働省の「児童虐待対応における司法関与及び特別養子縁組制度の利用促進の在り方に関する検討会」による全国の児童相談所及び民間の養子縁組あっせん団体に対する調査の結果によれば、長年親との面会交流がないとか、将来的にも家庭復帰が見込まれない等といった事情から特別養子縁組を選択肢として検討すべきであるにもかかわらず要件が厳格であるために縁組を行えていない事案は、平成26年度と平成27年度とで合計298件あるとされる。そのうち、縁組の成立に当たり支障となった要件として、「養子となる者の年齢要件」を挙げるものは46件であり、「実親の同意要件」を挙げるもの（205件）に次いで多かった。

## 民法等の一部を改正する法律の概要

法務省民事局

### 検討の経過

| | | | |
|---|---|---|---|
| H30. 6 | 法務大臣から法制審議会へ諮問 | H31. 2.14 | 要綱の取りまとめ・答申 |
| H30. 6〜 | 法制審部会での調査審議開始 | H31. 3.15 | 閣議決定・国会提出 |
| H31. 1.29 | 要綱案の取りまとめ | R 1. 6. 7 | 改正法成立（R 1. 6.14公布） |

### 改正の目的

児童養護施設に入所中の児童等に家庭的な養育環境を提供するため，特別養子縁組の成立要件を緩和すること等により，制度の利用を促進。

厚労省検討会が全国の児童相談所・民間の養子あっせん団体に対して実施した調査の結果
「要件が厳格」等の理由で特別養子制度を利用できなかった事例　298件　（H26〜H27）
（うち「実父母の同意」を理由とするもの　205件　・「上限年齢」を理由とするもの　46件）

### 見直しのポイント

① 特別養子制度の対象年齢の拡大（第1）
② 家庭裁判所の手続を合理化して養親候補者の負担軽減（第2）

## 第1　養子候補者の上限年齢の引上げ（民法の改正）

### 1．改正前

#### 養子候補者の上限年齢

**原則** 特別養子縁組の成立の審判の申立ての時に6歳未満であること。
**例外** 6歳に達する前から養親候補者が引き続き養育 ⇒ 8歳未満まで可。

> 現行制度において上限年齢が原則6歳未満，例外8歳未満とされている理由
> ① 養子候補者が幼少の頃から養育を開始した方が実質的な親子関係を形成しやすい。
> ② 新たな制度であることから，まずは，必要性が明白な場合に限って導入。

【児童福祉の現場等からの指摘】
年長の児童について，特別養子制度を利用することができない。

### 2．改正後

#### 養子候補者の上限年齢の引上げ等

(1) **審判申立時における上限年齢**（新民法第817条の5第1項前段・第2項）
原則 特別養子縁組の成立の審判の申立ての時に15歳未満であること。
例外 ①15歳に達する前から養親候補者が引き続き養育
　　　②やむを得ない事由により15歳までに申立てできず ｝ 15歳以上でも可。

> ※ 15歳以上の者は自ら普通養子縁組をすることができることを考慮して15歳を基準としたもの。

(2) **審判確定時における上限年齢**（新民法第817条の5第1項後段）
審判確定時に18歳に達している者は，縁組不可。

(3) **養子候補者の同意**（新民法第817条の5第3項）
養子候補者が審判時に15歳に達している場合には，その者の同意が必要。
（15歳未満の者についても，その意思を十分に考慮しなければならない。）

## 第2　特別養子縁組の成立の手続の見直し
### （家事事件手続法及び児童福祉法の改正）

## 1．改正前

### 養親候補者の申立てによる1個の手続

**養親候補者**
申立て　　　　　　　　特別養子縁組の成立の審判手続 ⟶

（審理対象）
- **実親**による養育が著しく困難又は不適当であること等
- **実親**の同意（審判確定まで撤回可能）の有無等
- **養親子のマッチング**
    ※　6か月以上の試験養育

特別養子
縁組成立
の審判

- 実親の養育能力（経済事情や若年等）
- 虐待の有無
- 養親の養育能力
- 養親と養子の相性

**【児童福祉の現場等からの養親候補者の負担についての指摘】**
① 実親による養育状況に問題ありと認められるか分からないまま，試験養育をしなければならない。
② 実親による同意の撤回に対する不安を抱きながら試験養育をしなければならない。
③ 実親と対立して，実親による養育状況等を主張・立証しなければならない。

## 2．改正後

### 二段階手続の導入

**(1)　二段階手続の導入**（新家事事件手続法第164条・第164条の2関係）
　特別養子縁組を以下の二段階の審判で成立させる。
**(ア)**　実親による養育状況及び実親の同意の有無等を判断する審判（**特別養子適格の確認の審判**）
**(イ)**　養親子のマッチングを判断する審判（**特別養子縁組の成立の審判**）
　⇒　養親候補者は，第1段階の審判における裁判所の判断が確定した後に試験養育をすることができる（上記①及び②）。

**(2)　同意の撤回制限**（新家事事件手続法第164条の2第5項関係）
　⇒　実親が第1段階の裁判所の期日等でした同意は，2週間経過後は撤回不可（上記②）。

**(3)　児童相談所長の関与**（新児童福祉法第33条の6の2・第33条の6の3）
　⇒　児童相談所長が第1段階の手続の申立人又は参加人として主張・立証をする（上記③）。

（イメージ図）

**児相長** or
**養親候補者**　　第1段階の手続
申立て

特別養子
適格の確認
の審判

実親は，第2段階には関与せず，同意
を撤回することもできない。

（審理対象）
- **実親**による養育状況
- **実親**の同意の有無等

**養親候補者**
申立て　　　第2段階の手続

特別養子
縁組成立
の審判

養親となる者が第1段階の審判を申し立てるときは，第2段階の審判と同時に申し立てなければならない。
**二つの審判を同時にすることも可能。**
　⇒　手続長期化の防止

（審理対象）
- **養親子のマッチング**

※　6か月以上の試験養育。○○

試験養育がうまくいかない場合には却下

## 第3　施行期日

令和2年4月1日

**Q2** 今回の改正後は、児童養護施設等に入所中の子については、原則として特別養子縁組を検討すべきであるということになるのか。

**A** 1　改正法は、現に児童養護施設等に入所中の子の中に、特別養子縁組を検討すべきであると考えられるにもかかわらず、年齢の上限を超えている等の理由でその利用を検討することができない子がいるとの指摘を受けて、そのような子らに特別養子縁組の機会を拡大するものである。

2　このように、改正法の趣旨は、児童養護施設等に入所中の子について、原則として特別養子縁組を検討しなければならないこととするものではない。また、特別養子縁組を選択することについては、実親子関係の終了という効果（民法第817条の9本文）の重大さに照らして慎重に検討されるべきである。したがって、今回の改正後も、児童養護施設等に入所中の子がどの制度を利用するかは、個別具体的な事案に応じて検討されるべきものである。

3　この点について、児童福祉の専門家からは、例えば、発達上の課題を抱えている子については、専門家による養育が必要であることも多く、特別養子縁組を選択することについては特に慎重な検討を要するとの指摘がされているところである。

## Q3　　改正法案の提出に至る経緯は、どのようなものか。

**A**　　1　児童福祉法等の一部を改正する法律（平成 28 年法律第 63 号）の附則第 2 条第 1 項において、「この法律の施行後速やかに、児童の福祉の増進を図る観点から、特別養子縁組制度の利用促進の在り方について検討を加え、その結果に基づいて必要な措置を講ずるものとする」とされたこと等を踏まえ、厚生労働省の「児童虐待対応における司法関与及び特別養子縁組制度の利用促進の在り方に関する検討会」は、平成 28 年 7 月から、特別養子制度の利用促進の在り方について提言することを目指して検討を開始し、平成 29 年 6 月 30 日、検討の結果を「特別養子縁組制度の利用促進の在り方について」と題する報告書に取りまとめた。

　　2　その後、平成 29 年 7 月から、公益社団法人商事法務研究会の主催する「特別養子を中心とした養子制度の在り方に関する研究会」（座長・大村敦志東京大学大学院教授（当時））は、特別養子制度を中心として養子制度の見直しの検討を開始し、平成 30 年 6 月、検討の結果を「特別養子を中心とした養子制度の在り方に関する研究会中間報告書」と題する報告書に取りまとめた。

　　3　これらの経過を受けて、平成 30 年 6 月、法務大臣から法制審議会に対し、「実方の父母による監護を受けることが困難な事情がある子の実情等に鑑み、特別養子制度の利用を促進する観点から、民法の特別養子に関する規定等について見直しを行う必要があると思われるので、その要綱を示されたい。」との諮問（第 106 号）がされ、同月から、特別養子制度部会（部会長・大村敦志東京大学大学院教授（当時））における調査審議が開始された。

　　4　特別養子制度部会においては、平成 30 年 6 月から平成 31 年 1 月までの約 7 か月の間に合計 10 回の会議が重ねられた。その間には、平成 30 年 10 月に「特別養子制度の見直しに関する中間試案」が取りまとめられ、同年 11 月までの間にパブリックコメントの手続が実施された。

　このような調査審議の結果として、同部会は、平成31年1月に要綱案を取りまとめ、法制審議会（総会）において、同年2月、この要綱案のとおりの内容で「特別養子制度の見直しに関する要綱」が採択され、法務大臣に対し、答申された。

　5　法務省は、この要綱に基づき改正法案を作成し、平成31年3月に第198回国会に提出した。改正法は、令和元年6月7日に参議院本会議において可決されて成立し、同月14日に公布された。

## Q4　法制審議会特別養子制度部会の中間試案に関するパブリックコメントの手続の結果はどのようなものであったのか。

**A**　1　特別養子制度の見直しについては、平成30年10月に行われた法制審議会特別養子制度部会第5回会議において「特別養子制度の見直しに関する中間試案」が取りまとめられ、この中間試案について、同月12日から1か月間、パブリックコメントの募集手続が行われた。

中間試案においては、養子となる者の審判申立時における年齢の上限に関して、①原則として8歳未満、例外的に13歳未満とする【甲案】、②13歳未満とする【乙案】、③原則として15歳未満、例外的に18歳未満とする【丙案】の3案が示されたほか、審判手続について、児童相談所長の参加に係る方策、実親の同意の撤回を制限する方策及び手続の構造の見直しについての案が示され、この中間試案に対しては、団体・個人等から合計69件の意見が寄せられた。

2　このうち、養子となる者の年齢の上限については、上記1の③の【丙案】に賛成する意見が多数であった。

3　次に、特別養子縁組の成立に関する規律の見直しのうち、まず、①児童相談所長の手続参加に係る方策と、②実親の同意の撤回を制限する方策については、これに賛成する意見が多数であった。

また、特別養子縁組の成立手続の構造の見直しについては、特別養子縁組を2段階の審判によって成立させることとした上で、各段階について別個の申立てによる2個の事件でそれぞれ個別に審理する案に賛成する意見が多数であった。

4　このような意見も踏まえて、特別養子制度部会及び法制審議会（総会）で調査審議がされ、パブリックコメントの募集手続で多数の支持を集めた案と同様の内容の要綱の答申がされた。改正法は、この要綱の内容に沿って立案されたものである。

（参考）パブリックコメントの結果について

1　養子となる者の年齢要件の見直し

| | |
|---|---|
| 【甲案】 | 団体 4、個人 4 |
| 【乙案】 | 団体 1、個人 2 |
| 【丙案】 | 団体 4、個人 32 |

（※）いずれの案とも異なる案を提案する意見については、最も近いものに含めて計上している。

（補足説明）

　　上記のとおり、【丙案】を推す意見が多数であった。【丙案】は、原則として、特別養子縁組の成立の審判の申立時において15歳未満の者が、また、例外的には、その審判申立時において18歳未満の者であって15歳に達する前から引き続き養親となる者に監護されているもの又は15歳に達するまでの間に同請求がされなかったことについてやむを得ない事由があるものが、養子となることができることとするものであった。この【丙案】を推す意見は、社会的養護下にある児童に、なるべく広く家庭的な養育環境を与えるべきであることを理由としている。なお、【丙案】のような例外を設けることについては、原則的な上限年齢を設けた意味を失わせることにもなりかねないとして反対する意見があった一方で、個別の事情に応じて一定程度柔軟な対応をする必要があるとして賛成する意見があった。もっとも、賛成意見の中には、例外要件のうち「やむを得ない事由」という文言では、判断基準が明らかでなく、実務上判断にばらつきが生じるおそれがあるため、より適切な文言を模索すべきであるとの意見があった。

　　【甲案】を推す意見は、基本的には、特別養子制度の目的を実親子と同様の実質的な親子関係を形成して子の養育をしていく点にあると捉える旧法の理解を維持した上で、そのような実質的な親子関係を形成するためには、養子となる者が年少の頃から養親となる者によって監護されていることが必要であると考えているものとみられた。

　　【乙案】を推す意見は、上限年齢の引上げが妥当であるとの見解に立ちつつも、【丙案】を採用すると、特別養子制度と普通養子制度との差異が曖昧になること、養親となる者が早期に特別養子縁組の成立の申立てをする動機が乏しくなるために、子の地位の確定が遅くなるおそれがあることを指摘していた。

2　特別養子縁組の成立に関する規律の見直しについて

　(1)　児童相談所長の手続参加に係る方策

> 【賛成】団体 5、個人 3
> 【反対】個人 2

　(2)　実親の同意の撤回を制限する方策

> 【賛成】団体 7、個人 8
> 【反対】個人 4

　(3)　特別養子縁組の成立手続の構造

> 【甲案】団体 6、個人 22
> 【乙案】団体 1、個人 1
> 【丙案】個人 2

## Q5　改正法案の国会における審議の経過及び内容は、どのようなものであったか。

**A**　1　改正法案については、平成31年3月15日に衆議院に提出された後、法務委員会において、同年5月17日及び24日に対政府質疑が、同月22日に参考人質疑がそれぞれ行われ、同月28日、本会議において賛成多数で可決された。また、参議院においては、法務委員会において、同年6月4日及び6日に対政府質疑が、同月4日に参考人質疑がそれぞれ行われ、同月7日、本会議において賛成多数で可決され、改正法が成立した。

2　衆議院及び参議院のいずれの審議においても、特別養子制度の見直しの必要性について問う、いわゆる立法事実に関する質疑が多くされた（Q1参照）。

また、養子となる者が15歳以上である場合の同意の確認の仕方や、15歳未満である場合の意思の確認の方法（Q17参照）についても、多くの質疑がされた。

# Q6　諸外国における養子制度の概要は、どのようなものか。

**A**　諸外国の養子制度の概要は、以下のとおりである[注]。

## 1　ドイツ

ドイツにおいては、養子縁組により実親子関係が終了する断絶型の養子縁組と実親子関係が終了しない非断絶型の養子縁組とがあるが、我が国とは異なり、養子が成年に達しているか否かで利用可能な縁組の種類が異なっている。すなわち、未成年者を養子とする場合は断絶型の養子縁組のみを利用することができ、他方で、成人を養子とする場合は非断絶型の養子縁組のみを利用することができる。

断絶型・非断絶型のいずれの養子縁組も裁判により成立するものとされており、養子となる者の年齢については、未成年か成年かの区別のほかは、特段の規律は設けられていない。

なお、養親となる者の年齢は、原則として25歳以上でなければならないとされている。

## 2　フランス

フランスにおいては、非断絶型の養子縁組である単純養子と、断絶型の養子縁組である完全養子とがある。

非断絶型の単純養子については、養子となる者の年齢に関し、特段の規定は設けられていないが、成立の方式に関しては、養子となる者が13歳以上の場合には当事者間の合意によって成立し、その者が13歳未満の場合には裁判によって成立するものとされている。また、養子となる者と養親となる者との間には、原則として15歳以上の年齢差がなければならないとされている。

他方で、断絶型の完全養子は、養子となる者の年齢は原則として15歳未満でなければならないとされているが、例外的に20歳以下の者についても、これを成立させることができるものとされている。

養親となる者の年齢の下限は、単純養子・完全養子のいずれにおいても、

原則として28歳とされている。

## 3　イギリス

イギリスにおいては、成年養子制度は存在せず、縁組の成立によって実親子関係が終了する断絶型の未成年養子制度のみが存在する。

養子縁組は、裁判所の決定によって成立することとされており、養子となる者の年齢の上限は18歳未満、養親となる者の年齢の下限は原則として21歳とされている。

（注）参考文献

・鈴木博人「養子法の研究」同『親子福祉法の比較法的研究Ⅰ』（中央大学出版部、2014年）37頁

・栗林佳代「フランスの養子縁組制度——養子法の概要と現地調査による実務の実態」佐賀大学経済論集47巻6号（2015年）1頁

・西希代子「フランス法を中心として」戸籍時報731号（2015年）25頁

# 第2章 | 養子となる者の年齢の上限の引上げ

## 第1節　改正の概要等

**Q7** 養子となる者の年齢の上限の引上げに関する改正の概要は、どのようなものか。

**A**　1　旧法の下では、原則として、特別養子縁組の成立の審判の申立時において6歳に達している者は養子となることができないとされ、例外的に、養子となる者が6歳に達する前から引き続き養親となる者に監護されている場合には、同申立ての時点で8歳未満であれば、養子となることができることとされていた（改正前の民法第817条の5）。

2　改正法は、まず、特別養子縁組の成立の審判の申立時の年齢の上限を引き上げ、原則として同申立ての時点で15歳未満の者は養子となることができることとし（民法第817条の5第1項前段。Q10参照）、例外的に、同申立ての時点で15歳に達している者についても、その者が15歳に達する前から養親となる者に引き続き監護されており、かつ、15歳に達する前に申立てをすることができなかったことについてやむを得ない事由があるときは、養子となることができることとした（同条第2項。Q11〜Q13参照）。

3　また、特別養子制度は未成年者の養育のための制度であるが、特別養子縁組の成立の審判の申立時における養子となる者の年齢の上限が引き上げられたことにより、養子となる者が成年に達するまでに間がない時期に申立てがされる事例も生じ得ることから、新たに特別養子縁組の成立時の年齢要件を設け、特別養子縁組が成立するまでに18歳に達した者は養子となることができないこととした（民法第817条の5第1項後段。Q14及びQ15参照）。

　4　さらに、改正法は、養子となる者が15歳に達している場合には、養子となる者の同意がなければ特別養子縁組を成立させることができないこととした（民法第817条の5第3項。Q16及びQ17参照）。

## Q8 養子となる者の年齢の上限を引き上げたことに伴い、特別養子制度の制度趣旨は変わったのか。

**A** 　1　改正前の民法第 817 条の 5 において、原則として 6 歳未満の者が特別養子となることができるとされていたのは、以下の考慮に基づくものと考えられる[注1]。

すなわち、特別養子制度は、養親と養子との間に実親子間と同様の実質的な親子関係を創設することを目的とするものであるが、養子となる者が 6 歳に達している場合には、実親との関係が強くなっている可能性があり、また、就学して分別が生じていることから、6 歳未満の子の方が、養親との間で実質的な親子関係を形成することが容易であると考えられる。

また、子（養子となる者）の利益を考えると、特別養子縁組は、できる限り早い時期に成立させることが望ましい。

さらに、6 歳に達した子は、特別養子縁組をすることができなくても、普通養子縁組をすることはできることから、新たに創設された特別養子制度は、まずは妥当性の明白な者を対象に開始するのが相当である。

2　改正法により、養子となる者の年齢の上限が原則として 15 歳未満にまで引き上げられたことから、特別養子縁組によって形成される親子関係は、必ずしも、旧法が想定していたような養子となる者が未就学のうちから養親が養育していたという関係に限られなくなる。もっとも、発達心理学等の知見[注2]によれば、親子関係は、子の年齢によって様々に変化するものであり、ある程度年長の子でも、親との間で年齢に応じた実質的な親子関係を築くことはできるとされている。

そうすると、改正法の施行後も、養親と養子との間に実親子間と同様の実質的な親子関係を創設することによって、養子に家庭的で安定した養育環境を提供するという特別養子制度の趣旨・目的は特に変わることにはならないものと考えられる。

（注 1）細川清『改正養子法の解説——昭和六二年民法等一部改正の解説』（法曹会、1993 年）83 頁

　（注 2）法制審議会特別養子制度部会第 6 回会議における遠藤利彦・東京大学大学院教育学研究科教授発言参照。

**Q9** 養子となる者の年齢の上限を引き上げたことにより、特別養子制度と普通養子制度との関係は変わったのか。

**A** 　1　旧法の下でも、6歳未満の者については、特別養子縁組と普通養子縁組の両方を利用することができた。普通養子縁組は、子の養育を含め様々な目的を実現するために活用されているが、特別養子縁組は、実親子関係を終了させることによって形成される安定的な養親子関係の下で養子の健全な成長を図ることを専ら目的とするものである。

　2　このように、旧法の下でも、子の養育のために、実親との関係を終了させた上で養親との安定的な関係を築くことが必要な者を養子とする場合には特別養子制度が利用され、それ以外の者を養子とする場合には普通養子制度が利用されることが想定されていた。

　3　普通養子制度と特別養子制度のこのような関係は、改正法により特別養子縁組における養子となる者の年齢の上限が引き上げられても、特に変更されるものではないと考えられる。

## 第2節　特別養子縁組の成立の審判の申立時における養子となる者の年齢の上限

> **Q10**　今回の改正において、特別養子縁組の成立の審判の申立時における養子となる者の年齢の上限を原則として15歳未満としたのはなぜか（民法第817条の5第1項前段関係）。

**A**　1　改正法は、旧法の下において、児童養護施設における養育等の社会的養育を要する子の中には、家庭的な環境の下で安定的に養育をすることが適切であるにもかかわらず、年齢の上限を超過しているといった形式的な理由のために特別養子制度を利用することができない子がいるとの指摘等があったことを踏まえ、養子となる者の年齢の上限を引き上げることとしたものである。

　他方で、養子となる者の年齢の上限を原則として15歳未満としたのは、民法上、15歳に達すると、自らの意思で、法定代理人によらずに普通養子縁組をすることができるとされていることから（同法第797条）、15歳に達している者について、自らの意思によらず、家庭裁判所の審判によって縁組を成立させることは、原則として不適当であると考えられるためである。

　2　これに加えて、①養子となる者の身分関係が早期に定まることが望ましいことに鑑み、養子となる者の年齢の原則的な上限を15歳未満とすることによって、遅くとも義務教育期間中には特別養子縁組の成立の申立てがされるように促すこと、また、②特別養子縁組が未成年者の養育のための制度であることからすれば、特別養子縁組の成立後に一定の養育期間が確保されるようにする必要があること等の事情も考慮されたものである。

## Q11 養子となる者の年齢の上限について、例外を設けたのはなぜか（民法第 817 条の 5 第 2 項関係）。

**A**　1　改正法は、養子となる者の年齢の上限を原則として 15 歳未満まで引き上げることとしたが、他方で、法制審議会特別養子制度部会の調査審議の過程や中間試案に関するパブリックコメントにおいて、児童福祉の実務家から、ごく例外的にではあれ、子が 15 歳に達している場合であっても、特別養子縁組を成立させて安定的な家庭環境の下で養育すべき例があるとの指摘がされていた。

2　このような指摘を踏まえると、15 歳に達している子について、事情のいかんを問わず、特別養子縁組を成立させる余地を一切認めないとすることは、子の利益の観点からは相当でないと考えられたことから、改正法は、15 歳に達した子についても、例外的に特別養子縁組の成立を認める場合を設けたものである。

**Q12** 里親が、子が15歳に達する前から週末のみ子を養育していたときは、民法第817条の5第2項の「養子となる者が15歳に達する前から引き続き養親となる者に監護されている場合」に当たるか（民法第817条の5第2項関係）。

**A** 　1　民法第817条の5第1項前段は、特別養子縁組の成立の審判の申立ての時点で15歳に達している者は原則として特別養子縁組における養子となることができないこととしているが、同条第2項は、例外的に、養子となる者が15歳に達する前から引き続き養親となる者に養育されている場合において、15歳に達するまでに特別養子縁組の成立の審判の申立てがされなかったことについてやむを得ない事由があるときは、15歳に達していても養子となることができることとしている。

　養親となる者に引き続き養育されている場合であれば15歳に達している場合でも養子となることができることとしたのは、そのような場合には、養親子間に事実上の親子関係が形成されていることがあると考えられるためである。

　2　養子となる者が引き続き養親となる者に養育されているといえるか否かは、個別の事情を前提に裁判所において判断されるべきものであるが、一般的には、週末のみ里親の下において養育されている子と里親との間で事実上の親子関係が形成されていることは考え難いことから、そのような子は、原則どおり、15歳に達すると特別養子縁組における養子となることができないものと考えられる。

**Q13** 民法第 817 条の 5 第 2 項の「やむを得ない事由があるとき」とは、具体的には、どのような場合がこれに当たるのか（民法第 817 条の 5 第 2 項関係）。

**A**　1　民法第 817 条の 5 第 2 項は、養子となる者が 15 歳に達している場合には、その者が 15 歳に達するまでに特別養子縁組の成立の審判の申立てがされなかったことについて「やむを得ない事由があるとき」に限り、特別養子となることができるとしている。この要件は、15 歳に達しても特別養子縁組をする必要のある子が存在するとの指摘がある一方で、特別養子縁組の成立の審判の申立てはできる限り早期にされることが、子の身分関係の早期確定の観点から子の利益にかなうことなどを考慮し、養親となる者の早期の申立てを促すために設けたものである。

　2　「やむを得ない事由があるとき」に当たるか否かについては、最終的には裁判所の判断に委ねられることになるが、法制審議会特別養子制度部会においては、上記 1 の趣旨を踏まえて、複数の委員・幹事から、この要件については相当限定的に解釈すべきであり、この要件を満たすのは、養親となる者が養子となる者の養育を開始してから十分な熟慮期間がないうちに養子となる者が 15 歳に達してしまったといった例外的な場面に限られるべきであるとの意見が述べられたところである。

## 第3節    特別養子縁組の成立の審判の確定時における年齢の上限

**Q14** 養子となる者が18歳に達した場合には特別養子縁組を成立させることができないこととしたのはなぜか（民法第817条の5第1項後段関係）。

**A** 特別養子制度は、専ら未成年者を家庭的な環境において養育するための制度である。そのため、既に成年に達している者を特別養子とすることは、このような制度趣旨に沿わないことになることから、改正法は、令和4年4月1日に成年年齢が18歳に引き下げられることを考慮して、養子となる者が18歳に達している場合には特別養子縁組を成立させることができないこととしたものである[注]。

（注）令和4年4月1日が到来するまでは成年年齢が20歳であることから、それまでの間は、養子となる者が20歳に達するまで特別養子縁組を成立させることができることとすることも考えられる。

しかしながら、特別養子縁組は、実親子関係の終了という重大な効果を生じさせるものであることから（民法第817条の9本文）、特別養子制度は安定的に運用される必要があるが、養子となる者の年齢の例外的な上限を一旦20歳未満に引き上げた後に、短期間のうちにそれを18歳未満に引き下げると、運用が複雑になって混乱を生じさせるおそれがある。

また、例えば、令和4年4月1日よりも前に18歳以上の者を養子とする特別養子縁組の成立の審判の申立てがされていた場合において、審判がされる前に同日が到来したときの扱い等についても困難な問題が生ずることとなる。

このため、改正法は、令和4年4月1日が到来するまでの間であっても、養子となる者が18歳に達した場合には特別養子縁組を成立させることができないこととしたものである。

**Q15**　養子となる者が 18 歳に達する前に特別養子縁組の成立の審判がされたが、その審判が確定する前に 18 歳に達した場合には、どうなるのか（民法第 817 条の 5 第 1 項後段、家事事件手続法第 164 条第 13 項関係）。

**A**　1　改正法は、養子となる者の年齢の上限を引き上げるものであるが、特別養子制度が専ら未成年者の養育を目的とするものであることに変わりはないことから（Q8 参照）、養子となる者は、特別養子縁組の成立の時点（特別養子縁組の成立の審判の確定時）において、18 歳未満でなければならないこととしたものである（民法第 817 条の 5 第 1 項後段）。

　2　もっとも、審判の確定時期は、審判の告知を受ける者が審判書の送達を受ける時期や、上訴がされるか否かといった家庭裁判所の予測することができない事情によって左右されることになる。そのため、家庭裁判所としては養子となる者が 18 歳に達するまでに審判が確定するものとして審判をした場合であっても、その予測に反し、特別養子縁組の成立の審判の確定時において、養子となる者が 18 歳に達してしまう事態が生ずることは否定し難い。

　そこで、家事事件手続法第 164 条第 13 項は、特別養子縁組の成立の審判がされた後であっても、その確定前に養子となる者が 18 歳に達した場合には、その審判は確定しないものとし、家庭裁判所において、当該審判を取り消さなければならないこととしている。この場合には、更に特別養子縁組の成立の申立てを却下する審判がされることになるものと考えられる。

## 第4節　養子となる者の同意

> **Q16**　15歳に達した者を養子とする特別養子縁組を成立させる場合には、養子となる者の同意を要することとしたのはなぜか（民法第817条の5第3項関係）。

**A**　1　民法上、15歳に達した者は、法定代理人によらずに自らの意思により普通養子縁組をすることができることとされている（同法第797条第1項）。また、15歳に達した者は、自らの意思により単独で遺言をすることができることとされている（同法第961条）。

このように、15歳に達した者は、身分行為に関する意思決定の主体として取り扱われていることに鑑み、民法第817条の5第3項は、養子となる者が15歳に達している場合には[注]、その者の同意がなければ特別養子縁組を成立させることができないこととしている。

2　なお、養子となる者が15歳未満である場合における養子となる者の意思については、Q17参照。

（注）養子となる者が15歳に達しているか否かの基準時は、特別養子縁組の成立の審判時である。

**Q17** 養子となる者が 15 歳未満のときは、特別養子縁組の成否を判断するに当たり、その意思は考慮されないのか（民法第 817 条の 5 第 3 項関係）。

**A**　1　家事事件手続法第 65 条によれば、家庭裁判所は、親子等に関する家事審判の手続においては、子の陳述の聴取、家庭裁判所調査官による調査その他の適切な方法により、子の意思を把握するように努め、審判をするに当たり、その年齢及び発達の程度に応じて子の意思を考慮しなければならないこととされている。

2　この規定は、15 歳未満の子を養子とする特別養子縁組の成立の手続にも適用されることから、二段階手続における第 1 段階の特別養子適格の確認の審判事件の手続及び第 2 段階の特別養子縁組の成立の審判事件の手続のいずれにおいても、子の意思は適切に把握され、考慮されることになる。

3　このように、養子となる者が 15 歳未満であっても、特別養子縁組の成立の審判において、養子となる者の意思は、その年齢及び発達の程度に応じて考慮されることになる。

## 第5節　その他の論点

**Q18** 養親となる者の年齢要件を見直したり、養親子間の年齢差要件を設けたりしなかったのはなぜか。

**A** 　1　民法第817条の4によれば、特別養子縁組における養親は一方が25歳以上で、他方が20歳以上の夫婦でなければならないとされているが、養親と養子との間の年齢差に関する規定は設けられていない。

　これは、特別養子制度の創設時には、養子となる者の年齢の上限が原則として6歳未満、例外の場合でも8歳未満とされていたため、養親はおのずから養子よりも相当程度年長になることから、両者の年齢差について法律で定める必要が乏しかったことによるものと考えられる。

　2　改正法は、養子となる者の年齢の上限を原則として15歳未満、例外の場合には18歳未満とするものであるから（民法第817条の5第1項、第2項）、改正法の下では、養親と養子との間の年齢差がごく僅かになることもあり得ないではない。そのため、法制審議会特別養子制度部会では、養親となる者の年齢要件の見直し等についても検討がされたところである。

　しかしながら、養親と養子との間の年齢差については、法律で一律に定めるよりも、個別具体的な事案に応じ、家庭裁判所が、実親子関係と同様の実質的な親子関係を形成することにより子を養育するという特別養子制度の趣旨に照らして、養親となる者の適格性を総合的に判断する際に養子との年齢差を考慮することとする方が、特別養子縁組を成立させるか否かの判断が適切にされると考えられる。

　3　そのため、改正法においては、養親の年齢要件を見直したり、養親子の年齢差要件を設けたりはしないこととしたものである。

## Q19　養子となる者に子がいる場合にも、特別養子縁組を成立させることができるのか。

**A**　1　今回の改正により、原則として 15 歳未満、例外的には 18 歳未満の子まで特別養子となることができることとなったために（民法第 817 条の 5 第 1 項、第 2 項）、養子となる者に子がいることも想定されることとなる。このような場合であっても、当該養子となる者が特別養子縁組をすることを禁止する規定は設けられていない。

したがって、養子となる者に子がいる場合であっても、特別養子縁組を成立させることはできる。

2　この場合の法律関係について、民法第 727 条には、「養子と養親及びその血族との間においては、養子縁組の日から、血族間におけるのと同一の親族関係を生ずる。」と定められていることから、養子縁組以前に生まれた養子の子と養親との間には、親族関係は生じないものと解されている（以下、便宜上、養親を A、養子を B、養子の子を C と併記する。）。

他方で、特別養子縁組が成立すると、養子（B）と実親及びその血族との親族関係が終了するから（民法第 817 条の 9 本文）、養子の子（C）と、養子の実親との親族関係も終了することになるものと考えられる。

3　そうすると、特別養子縁組の成立前に生まれた養子の子（C）は、縁組の成立後は、養親（A）との親族関係が生じない一方で、養子（B）の実親その他の血族との親族関係が終了することになるため、そのような縁組を成立させるか否かを検討するに当たって、養子（B）のみならず養子の子（C）の利益にも配慮することは避け難いものと考えられる。

4　このような特別養子縁組の効果を前提とすると、特別養子制度は、専ら養子となる者（B）の利益を図るための制度であるが、養子となる者（B）に子（C）がいる場合には、その子（C）の利益にも配慮しなければならないことから、それにもかかわらず専ら養子となる者（B）の利益を図るための特別養子制度を利用することが適切であるとされる場面は、相当程度限定さ

れるものと考えられる<sup>(注)</sup>。

　（注）例外的に養子となる者（B）の実親が不明である場合等には、養子となる者（B）に子（C）がいても、養子となる者（B）の実親が不明である以上、その子（C）と養子となる者の実親等との親族関係の終了による不利益が事実上は生じないから、特別養子縁組を成立させることが適切であるという事例もあり得るものと考えられる。

## Q20 既に普通養子縁組をしている養親子間に、更に特別養子縁組を成立させることはできるのか。

**A**　1　民法第 817 条の 7 は、「父母による養子となる者の監護が著しく困難又は不適当であることその他特別の事情がある場合」であることを特別養子縁組の成立要件としているが、ここでいう「父母」には、養父母も含まれるものと解されている。

2　既に普通養子縁組が成立している養親子間において、その縁組を普通養子縁組から特別養子縁組に転換することが検討されるのは、養父母による監護が適切に行われている場合であると考えられるから、このような場合には、「(養) 父母による養子となる者の監護が著しく困難又は不適当である」という要件には該当しないこととなる。

　もっとも、特別養子縁組を成立させるべき「特別の事情がある場合」に該当するのであれば、縁組を成立させることができる。具体的にどのような場合がこれに該当するかについては解釈に委ねられているが、実親子関係の終了等の特別養子縁組の効力が養子となる者の利益に合致するか否かを基準にして判断されることになるものと考えられる。

　このような理解を前提として、旧法の下でも、普通養子縁組が成立している養親子間に、更に特別養子縁組を成立させることは否定されておらず、この点については、改正法の施行後も変わらないものと考えられる。

3　なお、特別養子制度が創設された際には、それより前には特別養子縁組というものが存在しなかったためにやむを得ず普通養子縁組をしていた事例について、制度創設後に特別養子縁組を成立させた裁判例が複数ある[注]。改正法の施行後も、特に、養子となる者が旧法下における年齢の上限を超過しているために特別養子縁組をすることができずに、やむを得ず普通養子縁組をしていたといった事例については、同様の対応がされることになるものと考えられる。

(注) 仙台高秋田支決平成元年 5 月 24 日家月 41 巻 11 号 86 頁、名古屋高決平成元年 10

月 17 日家月 42 巻 2 号 181 頁等

# 第3章 特別養子縁組の成立手続の見直し

## 第1節　見直しの概要等

**Q21**　特別養子縁組の成立手続の見直しの概要はどのようなものか。

**A**　1　旧法の下では、特別養子縁組の成立要件である民法第817条の3から第817条の7までの要件の存否は、1個の手続の中で審理され、それらの要件が充足されていると認められた場合に特別養子縁組の成立の審判がされることとなっていた。

　このような手続については、以下のとおり、養親となるべき者の負担となっており、そのことが特別養子縁組の利用を躊躇させる要因となっているとの指摘があった。

　まず、特別養子縁組は、実親による養子となるべき者の監護が著しく困難又は不適当であることその他特別の事情がある場合に成立させることができるものであるが（民法第817条の7）、この要件に該当するか否かは、家庭裁判所の終局審判において初めて明らかにされるものであった。他方で、養親となるべき者は、家庭裁判所が終局審判をする前に、養子となるべき者を6か月以上の期間監護しなければならない（この監護は、一般的には「試験養育」と呼ばれている。家庭裁判所は、試験養育の状況を考慮して審判をする。同法第817条の8）。このため、仮に養親となるべき者の試験養育が順調に進んだとしても、家庭裁判所が上記の「特別の事情」の存在を否定して縁組の成立を認めないという事態が起こり得た。

　また、特別養子縁組の成立には、原則として実親の同意が必要であるが（民法第817条の6本文）、実親は、一旦同意をしても、特別養子縁組の成立の審判が確定するまでその同意を撤回することができるものとされていた[注]。このような取扱いについては、養親となるべき者が、実親による同

意がされてもそれがいつ撤回されるか分からないという不安を抱いたまま、養子となるべき者の試験養育をしなければならないとの問題点が指摘されていた。

　さらに、養親となるべき者が、実親による養子となるべき者の養育状況（実親による養子となるべき者の監護が著しく困難又は不適当であること）について事実上立証を求められることがあり、また、実親が特別養子縁組の成立に反対しているために、養親となるべき者が手続において実親と対峙しなければならないという場合もあり得た。

　加えて、養親となるべき者の本籍や住所が特別養子縁組の成立の審判の申立書等に記載されることにより、実親に知られ得る構造となっていた。

　2　そこで、改正法は、これらの問題に対応するために、特別養子縁組の成立手続を2段階の2個の手続に分けることとしている。

　まず、第1段階の手続においては、実親に関する要件、すなわち、実親による養子となるべき者の監護が著しく困難又は不適当であるか、また、実親の同意があるかといった要件について審理され、それらの要件が充足されていれば、特別養子適格の確認の審判がされる。次に、第2段階の手続においては、養親となるべき者に関する要件、すなわち、養親となるべき者の監護能力や養親子の適合性が審理され、それらの要件が充足されていれば、特別養子縁組の成立の審判がされる。

　これにより、養親となるべき者は、第1段階の審判によって、その子が特別養子縁組の対象となり得ることが確定した後に、第2段階の手続において、安心して試験養育等を進められるようになる。

　また、養親となるべき者のみが実親による養子となるべき者の養育状況について立証するのは困難な場合もあることから、実親による養育状況等が審理される第1段階の手続については、児童相談所長にも申立権を付与するとともに、養親となるべき者が申立人となる場合にも、児童相談所長がその手続に参加することができることとしている。

　さらに、養親子の適合性等について審理される第2段階の手続では、実親を関与させないこととしており、これにより、養親となるべき者が実親と手続内で対峙しなければならなくなる事態を回避し、また、養親となるべき者

の本籍や住所が実親に知られないようにすることが可能となる。

（注）東京高決平成2年1月30日家月42巻6号47頁

**Q22**　第2段階の特別養子縁組の成立の審判事件の手続についての規定を家事事件手続法第164条に設け、第1段階の特別養子適格の確認の審判事件の手続についての規定をその次の同法第164条の2に前後逆転して設けたのはなぜか。

**A**　1　特別養子縁組は、民法第817条の3から第817条の7までに規定された要件があるときに、家庭裁判所の審判によって成立するものである（同法第817条の2）。今回の改正によって導入された二段階手続においても、この点について変更はなく、特別養子縁組の成立要件については、本来的には全て第2段階の特別養子縁組の成立の審判事件において審理されるべきものである。

2　もっとも、改正法は、実親に関する要件（実親による養子となるべき者の養育状況等）があることが確定してから養親となるべき者が試験養育（民法第817条の8。Q21参照）を開始することができるようにすることによって、養親となるべき者の手続的な負担を軽減するために、第1段階の審判は、第2段階の審判事件の係属する裁判所を拘束し、さらに、第2段階の審判がされる時にされたものとみなすこととしている（家事事件手続法第164条第7項。次頁図参照）。これによって、第2段階の審判事件の係属する裁判所は、第1段階の審判が確定している場合には、第1段階の審判によって確認された要件については、これらがあるものとして特別養子縁組の成否について審判をしなければならないこととなる。

このように、改正法における二段階手続では、第1段階の審判は、第2段階の審判をする時において確認すべき特別養子縁組の成立要件の一部をあらかじめ確認するものと位置付けられている。このような第1段階の手続の位置付けからすると、同法の下においても、手続の中心は飽くまで第2段階の手続である。

3　以上のような理由から、改正法は、改正前の家事事件手続法第164条に必要な改正を加える形で第2段階の特別養子縁組の成立の審判事件の手続についての規律を設け、この条に追加する形で、同法第164条の2に第1段

階の特別養子適格の確認の審判事件の手続についての規律を設けることとしたものである。

［図］

───〔**第2段階の審理対象**〕───

　民法
　（養親の夫婦共同縁組）
　第817条の3

　（養親となる者の年齢）
　第817条の4

　（養子となる者の年齢）
　第817条の5

　（父母の同意）
　第817条の6

　（子の利益のための特別の必要性）
　第817条の7
　　①　特別の事情要件
　　②　養親子適合性要件

───〔**第1段階の審理対象**〕───

　民法
　（父母の同意）
　第817条の6

　（子の利益のための特別の必要性）
　第817条の7のうち
　　①　特別の事情要件

拘　　束
＋
時点修正

＊網掛け部分の要件は充足しているもの
　と扱われ、審理しない。

| | 特別養子縁組は「子の利益のため特に必要があるとき」（民法第817条の7）に認められるものであるが、このような「必要があるとき」に当たるか否かは、実親側の事情と養親側の事情を総合的に考慮しなければ判断することができないのではないか。 |
|---|---|
| **Q23** | |

**A**　1　民法第817条の7によれば、特別養子縁組は、①「父母による養子となる者の監護が著しく困難又は不適当であることその他特別の事情がある場合において」、②「子の利益のため特に必要があると認めるとき」に成立させることができることとされている。

　このうち①の要件（以下「特別の事情要件」という。）は、養子となる者と実親との関係に着目したものであり、実親子関係を終了させることを必要とする事情の存否が検討される。これに対し、②の要件（以下「養親子適合性要件」という。）は、養子となる者と養親となる者との関係に着目したものであり、当該養親となる者との間に新たに実親子関係と同様の強固な親子関係が形成されることにより、養子となる者の監護・養育の状況が、現状に比して永続的かつ確実に向上するか否かが検討される。

　2　旧法の下では、特別の事情要件と養親子適合性要件とは、1個の審判手続において同時に判断されていたが、改正法により導入された二段階手続においては、特別の事情要件については第1段階の特別養子適格の確認の審判事件の手続又は児童相談所長の申立てによる特別養子適格の確認の審判事件の手続で審理され、養親子適合性要件については第2段階の特別養子縁組の成立の審判事件の手続で審理されるものとしている。このように、各要件を段階的に個別に判断することは、以下の理由から、実質に即したものとして相当であると考えられる。

　3　すなわち、まず、児童福祉の現場では、例えば施設に入所中の子について特別養子縁組を検討するに当たり、まずその子の養育のために特別養子縁組を成立させることが必要であるかが検討され、それが肯定されれば、その子の養親候補者を探し始めるというように段階的な検討がされているもの

と考えられる。したがって、家庭裁判所が、まず特別の事情要件について判断し、それが充足されていると判断された場合に養親子適合性要件の判断をするというように2段階で審理をすることは、むしろ自然な思考の流れに沿うものである。

　また、理論的にも、特別養子縁組が成立すると、実親子関係が終了し（民法第817条の9本文）、原則として離縁をすることができない養親子関係が成立する（同法第817条の10）という重大な効果が生ずることに照らせば、例えば、実親の監護能力に大きな問題が存するからといって、その実親と比較すると監護能力はあるといえるもののなおその監護能力には不安のある養親となる者との間で縁組を成立させたり、逆に、養親となる者の監護能力が優れているからといって、実親の監護能力はその養親となる者のそれと比較すると劣るもののなお相応にあるといえるのに縁組を成立させたりするといったように、実親と養親となる者とのそれぞれの監護能力を比較して縁組の成否を決めるという相対的な判断がされるべきではない。そうすると、特別の事情要件と養親子適合性要件とは、それぞれ、当該子について特別養子縁組を成立させる必要があるかといった視点から、独立に判断されるのが相当であり、特別の事情要件と養親子適合性要件とをそれぞれ別個に、段階的に審理することがむしろ相当であると考えられる。

**Q24** 実親は、第1段階の審判（特別養子適格の確認の審判又は児童相談所長の申立てによる特別養子適格の確認の審判）の確定後に監護能力を回復した場合には、第2段階の特別養子縁組の成立の審判事件の手続において、そのことを主張することができるのか。

**A** 　旧法の下では、「父母による養子となる者の監護が著しく困難又は不適当であることその他特別の事情がある」（民法第817条の7）という要件を充足するか否かについての家庭裁判所の判断が審判まで明らかにならなかったことから、養親となるべき者は、この点について裁判所がどのような判断をするか分からないという不安を抱いたまま、養子となるべき者の試験養育（同法第817条の8。Q21参照）をしなければならなかった。

　改正法は、養親となるべき者がこのように不安を抱きながら試験養育をしなければならないことをなくすために、特別養子縁組を、実親による養育状況等の実親側の事情を審理する第1段階の審判と、養親子間のマッチング等の養親側の事情を審理する第2段階の審判によって成立させることとし、養親となるべき者が、第1段階の審判によって実親による養育状況についての裁判所の判断が確定した後に、第2段階の手続において安心して試験養育をすることができるようにしたものである。

　そうであるにもかかわらず、実親が、第1段階の審判が確定した後に養育能力を回復したからといって第2段階の手続においてそれを主張することができるとすると、養親となるべき者は、第2段階の手続において安心して試験養育をすることができなくなる。このため、改正法は、そもそも実親は第2段階の手続に関与することができないこととして（家事事件手続法第164条第3項、第4項）、第1段階の審判の確定後に実親が養育能力を回復した場合であっても、実親がそのことを主張することはできないこととしたものである。

**Q25** 特別養子縁組を2段階の審判により成立させることとすると、特別養子縁組の成立までに要する審理期間は旧法下における審理期間より長くなるのではないか（家事事件手続法第164条第11項関係）。

**A** 　1　改正法により導入された二段階手続においては、原則として第1段階の審判（特別養子適格の確認の審判又は児童相談所長の申立てによる特別養子適格の確認の審判）が確定した後に第2段階の特別養子縁組の成立の審判をすることを想定しているが（家事事件手続法第164条第2項）、家庭裁判所は、特別養子縁組の成立の審判は、養親となるべき者の申立てによる特別養子適格の確認の審判と同時にすることもできるものとしている（同条第11項）。

　2　2段階の審判が順次される場合としては、養子となるべき者の実親が養育の意欲を失っておらず、特別養子縁組の成立に反対しているか、又は積極的でないといった場合が想定される。このような場合には、養親となることを希望する者が自ら第1段階の手続の申立てをすることをためらい、そのためにその申立てを児童相談所長がする場合があると考えられる。

　また、養親となるべき者が自らその申立てをする場合であっても、実親に関する要件についての家庭裁判所の判断が確定してから、第2段階の手続において、養子となるべき者の試験養育（民法第817条の8。Q21参照）を開始したいと希望することが考えられる。

　このように、第1段階の審判が確定してから第2段階の手続が開始されることとなると、第1段階と第2段階の各手続が並行して進む場合に比べて、手続全体に要する期間が長くなる可能性があることは否定し難い。

　もっとも、旧法の下でも、養子となるべき者の実親が養育の意欲を失っておらず、特別養子縁組の成立に反対しているか、又は積極的でないといった場合には、家庭裁判所は、実親による養育が著しく困難又は不適当であると認められるか否か等の点について慎重に審理しており、審理に相応の期間を要していたと考えられる。

　したがって、このような事案では、第1段階の審判の確定後に第2段階の

手続を開始することとしても、そのこと自体から直ちに手続全体に要する審理期間が旧法下における審理期間よりも長くなることはないものと考えられる。

　3　他方で、2段階の審判が同時にされる場合としては、養子となるべき者の実親が養育の意欲を失っていることが明らかで、しかも特別養子縁組の成立に積極的であるといった場合が想定される。

　このような場合には、養親となるべき者は、第1段階の審判がされると見込むことができることから、その審判がされる前に、第1段階の手続と並行して、第2段階の手続において試験養育を開始することが考えられる。

　このように、2段階の手続が並行して進められれば、特別養子縁組を2段階の審判によって成立させることとしても、手続全体に要する審理期間が旧法下における審理期間よりも長くなることはないものと考えられる。

**Q26** 実親は、第1段階の特別養子適格の確認の審判事件及び児童相談所長の申立てによる特別養子適格の確認の審判事件の手続並びに第2段階の特別養子縁組の成立の審判事件の手続の記録や審判書の閲覧等をすることができるか。

**A**　1　家事審判事件の記録については、当事者又は利害関係を疎明した第三者は、家庭裁判所の許可を得てその閲覧等を請求することができる（家事事件手続法第47条第1項）。家庭裁判所は、当事者からの閲覧等は原則として許可しなければならないが、第三者からの申立てについては、相当と認めるときに許可することとされている（同条第3項、第5項）。

2　特別養子縁組の成立の手続においては、まず、第1段階の手続（特別養子適格の確認の審判事件又は児童相談所長の申立てによる特別養子適格の確認の審判事件の手続）との関係では、実親は、手続の当事者ではないが、第1段階の審判が確定した場合には自らの子の特別養子縁組の成立を阻止することができなくなることから（家事事件手続法第164条第3項、第4項）、利害関係のある第三者に当たる。したがって、実親は、家庭裁判所に記録の閲覧等を請求することができるし、第1段階の手続においては実親の手続保障を図る必要があることから、このような請求があった場合には、家庭裁判所は、原則として記録の閲覧等を許可するものと考えられる。

なお、実親は第1段階の手続における「審判を受ける者」に該当することから、審判があった後は、審判書の正本、謄本又は抄本等については、家庭裁判所の許可を受けずに、その交付を請求することができる（家事事件手続法第47条第6項後段）。

3　次に、第2段階の特別養子縁組の成立の審判事件の手続との関係でも、実親は、手続における当事者ではないが、特別養子縁組について利害関係のある第三者として家庭裁判所に記録閲覧等の許可の申立てをすることが考えられる。

このような申立てがあった場合に、記録閲覧等を認めるか否かは、個別の事案における家庭裁判所の判断に委ねられている。もっとも、改正法におい

て、特別養子縁組を2段階の審判によって成立させることとした目的の一つは、養親となるべき者の精神的な負担を軽減する観点から、その生活状況等の情報が実親に知られないようにするという点にあるから、第2段階の手続における実親の記録閲覧等の許可の申立ては、相当であるとは認められないことが多くなるものと考えられる。

　なお、このような二段階手続の導入の趣旨や、実親に対しては審判日及び審判の主文が通知されること（家事事件手続法第164条第10項）に照らすと、実親が、同法第47条第6項後段に基づき、審判後に審判書の正本、謄本又は抄本等の交付を請求しても、その請求は権利の濫用として認められないことが多くなるものと考えられる。

**Q27**　今回の改正により、特別養子縁組の成立手続に関する審判の申立手数料はどのように変更されるのか。

**A**　1　養親となるべき者による第1段階の手続（特別養子適格の確認の審判事件の手続）の申立て

　家事事件の申立手数料については、民事訴訟費用等に関する法律（以下「費用法」という。）に定められており、費用法第3条第1項及び別表第1の15の項及び15の2の項によれば、家事事件手続法の別表に掲げる事項についての審判事件の申立てをするには、所定の手数料を納めなければならないこととされている。

　しかし、養親となるべき者の申立てによる特別養子適格の確認は、家事事件手続法の別表のいずれにも掲げられていないことから、その申立てに当たって申立手数料を納める必要はない。

　これは、第1段階の特別養子適格の確認の審判事件の手続と第2段階の特別養子縁組の成立の審判事件の手続とは特別養子縁組の成立という一つの目的に向けられた一連の手続であり、第1段階の手続は、常に第2段階の手続と同時に申立てがされるものであることから（家事事件手続法第164条の2第3項）、二重に手数料を納めさせるのは相当でないこと、また、今回の見直しにより養親となるべき者が負担する申立手数料が増加することは相当でないことが考慮されたものである。

　2　児童相談所長による第1段階の手続（児童相談所長の申立てによる特別養子適格の確認の審判事件の手続）の申立て

　児童相談所長の申立てによる特別養子適格の確認は、家事事件手続法別表第1の128の3の項に掲げられている。したがって、費用法第3条第1項及び別表第1の15の項により、児童相談所長は、第1段階の手続の申立てをする場合には、800円の手数料を納める必要がある。

　これは、児童相談所長の申立てによる第1段階の手続は、特定の養親候補者を前提としないものであることから、特定の養親候補者による第2段階の手続とは別に手数料を納めさせるのが相当であり、また、児童相談所長が第1段階の手続の申立てをする場合には、第2段階の手続の申立てを同時にす

る必要はなく、この場合には、第1段階の手続と第2段階の手続とが一連の
ものであるともいえないからである<sup>(注)</sup>。

### 3　第2段階の手続（特別養子縁組の成立の審判事件の手続）の申立て

　特別養子縁組の成立は、家事事件手続法別表第1の63の項に掲げられて
いることから、費用法第3条第1項及び別表第1の15の項により、養親と
なるべき者は、第2段階の手続の申立てをする場合には、800円の手数料を
納める必要がある。

　（注）なお、養親となるべき者が申立てをした第1段階の手続（特別養子適格の確認の
審判事件の手続）に児童相談所長が参加する場合には、児童相談所長は申立人として参加
するものではないから、参加の申出は費用法第3条第1項及び別表第1の15の項には当
たらず、手数料を納める必要はない。

［イメージ図］

○養親となるべき者が第1段階の手続の申立てをする場合

○児童相談所長が第1段階の手続の申立てをする場合

**Q28**

養子となるべき者は、第1段階の特別養子適格の確認の審判事件及び児童相談所長の申立てによる特別養子適格の確認の審判事件の手続並びに第2段階の特別養子縁組の成立の審判事件の手続のいずれにおいても、行為能力がなくても手続行為をすることができることとしたのはなぜか（家事事件手続法第164条第5項、第164条の2第4項、第235条関係）。

**A**　1　改正前の家事事件手続法第164条第2項は、特別養子縁組の成立の審判事件においては、行為能力がなくても手続行為をすることができる者として、養親となるべき者及び養子となるべき者の実親のみを掲げており、養子となるべき者はこれに含まれていなかった。これは、旧法下では、養子となるべき者は、特別養子縁組の成立の審判の申立時において原則として6歳未満、例外的な場合でも8歳未満であったことから（改正前の民法第817条の5）、類型的に、手続行為をするのに必要な意思能力を有していないと考えられたためである。

　2　これに対し、改正後の家事事件手続法第164条第5項、第164条の2第4項及び第235条は、第1段階の手続である特別養子適格の確認の審判事件の手続及び児童相談所長の申立てによる特別養子適格の確認の審判事件の手続並びに第2段階の特別養子縁組の成立の審判事件の手続のいずれにおいても、行為能力がなくても手続行為をすることができる者として養子となるべき者を掲げている。

　これは、今回の改正によって、養子となるべき者は、第2段階の手続の申立時において原則として15歳未満となり、場合によっては18歳に近い年齢であることもあり得ることから（民法第817条の5第1項、第2項）、手続行為をするのに必要な意思能力を有している者もおり、そのような者には即時抗告等の手続行為をすることを認めるのが相当であると考えられたためである。

|Q29|第1段階の特別養子適格の確認の審判事件及び児童相談所長の申立てによる特別養子適格の確認の審判事件の手続並びに第2段階の特別養子縁組の成立の審判事件の手続において、裁判長は、養子となるべき者のために代理人を選任することができるか（家事事件手続法第164条第5項、第164条の2第4項、第235条関係）。|

**A**　1　行為能力の制限を受けているが、特定の手続行為についてはそれをすることができることとされている者が、実際にその手続行為をしようとする場合には、裁判長は、必要があると認めるときは、申立てにより又は職権で手続代理人を選任することができる（家事事件手続法第23条第1項、第2項）。

2　養子となるべき者は、原則的には手続行為能力の制限を受けているが（家事事件手続法第17条第1項、民事訴訟法第31条本文）、家事事件手続法第164条第5項、第164条の2第4項及び第235条は、第1段階の審判事件の手続及び第2段階の審判事件の手続のいずれにおいても、養子となるべき者は自ら手続行為をすることができることとしていることから、裁判長は、養子となるべき者のために手続代理人を選任することができることになる。

**Q30**

第1段階の特別養子適格の確認の審判及び児童相談所長の申立てによる特別養子適格の確認の審判並びに第2段階の特別養子縁組の成立の審判は、養子となるべき者に告知されるのか（家事事件手続法第164条第8項、第9項、第164条の2第9項、第10項、第237条第2項関係）。

**A**

**1　第1段階の審判**

　養子となるべき者は、第1段階の特別養子適格の確認の審判及び児童相談所長の申立てによる特別養子適格の確認の審判のいずれについても、「審判を受ける者」に当たることから、原則として、相当と認める方法で審判の告知を受けることとなる（家事事件手続法第74条第1項）<sup>(注)</sup>。

　もっとも、家事事件手続法第164条の2第10項（同法第237条第2項により準用される場合を含む。）は、第1段階の審判については、養子となるべき者の年齢及び発達の程度その他一切の事情を考慮してその者の利益を害すると認める場合には、その者に告知することを要しないこととしている。後述の第2段階の特別養子縁組の成立の審判とは異なり、養子となるべき者が15歳以上である場合を含めてこのような例外が認められているのは、以下の考慮による。

　すなわち、第1段階の審判は、養子となるべき者が15歳以上であっても、その同意がなくてもすることができ、また、実質的には、特別養子縁組の成立に向けた準備段階における中間的な審判という側面を有するものであり、それ自体に実体法上の効果はない。さらに、実親による養育状況について判断される第1段階の審判においては、実親による虐待等が認定されることもあり、そのような場合には、養子となるべき者に対して、虐待等の事実が記載された審判書を送付することは適切でないこともあると考えられる。

**2　第2段階の審判**

　養子となるべき者は、第2段階の審判についても、「審判を受ける者」に当たることから、原則として、相当と認める方法で審判の告知を受けることとなる（家事事件手続法第74条第1項）<sup>(注)</sup>。

　この点については、第1段階の審判と同様に、家事事件手続法第164条第

9項本文が、養子となるべき者の年齢及び発達の程度その他一切の事情を考慮してその者の利益を害すると認める場合には、第2段階の審判をその者に告知することを要しないこととしているが、同項ただし書は、養子となるべき者が15歳に達している場合には、第2段階の審判は必ずその者に告知しなければならないこととしている。これは、第2段階の審判は、養子となるべき者が15歳以上である場合にはその同意がなければすることができず（民法第817条の5第3項）、また、第2段階の審判が確定すると養子となるべき者と実親との親子関係が終了するという重大な効果が生じるため（同法第817条の9本文）、常に養子となるべき者に即時抗告の機会を実質的に保障する必要があるからである。

　（注）第1段階の手続及び第2段階の手続のいずれについても、申立てを却下する審判については、養子となるべき者は「審判を受ける者」に該当しないことから、養子となるべき者に告知することを要しない。

# 第2節　第1段階の審判事件の手続（総論）

**Q31**　第1段階の審判について、養親となるべき者の申立てによるものと児童相談所長の申立てによるものとの間には、どのような違いがあるのか。

**A**　1　養親となるべき者の申立てによる第1段階の審判は、家事事件手続法第2編第164条の2第1項に定められた「特別養子適格の確認」についての審判であり、同法第39条の「同編〔注：第2編〕に定める事項」についての審判である。

他方で、児童相談所長の申立てによる第1段階の審判は、家事事件手続法別表第1の128の3の項に掲げられた「児童相談所長の申立てによる特別養子適格の確認」についての審判であり、同法第39条の「別表第1……に掲げる事項」についての審判である。

このように養親となるべき者の申立てによる「特別養子適格の確認」の審判と、「児童相談所長の申立てによる特別養子適格の確認」の審判とは、異なる類型の審判であり、その審判の効力にも違いがある。

2　すなわち、養親となるべき者の申立てによる第1段階の審判は、申立人との間の特別養子縁組の成立を目的とするものであるから、当該申立人が養親となる縁組との関係でのみ効力を有するものである。したがって、例えば、A夫婦の申立てにより第1段階の審判がされた場合に、B夫婦が、その審判を用いて第2段階の審判を得ることはできない。家事事件手続法第164条第2項において、第1段階の審判について「申立人の同条〔注：第164条の2〕第1項の規定による申立てによりされたものに限る。」とされているのは、この趣旨である。

これに対し、児童相談所長の申立てによる第1段階の審判は、特定の養親候補者を前提とせずに、養子となるべき者の特別養子適格の確認をするものである。したがって、例えば、児童相談所長の申立てによる第1段階の審判がされた場合において、C夫婦がその審判を用いて第2段階の手続の申立て

をしたが、その申立てが取り下げられ、又は却下されたときには、D夫婦がその第1段階の審判を用いて新たに第2段階の手続の申立てをすることもできる。ただし、養親となるべき者が、児童相談所長の申立てによる第1段階の審判を用いて第2段階の手続の申立てをする場合には、その申立ては、第1段階の審判が確定した日から6か月を経過する日までにしなければならない。家事事件手続法第164条第2項において、児童相談所長の申立てによる第1段階の審判について、「特別養子縁組の成立の申立ての日の6箇月前の日以後に確定したものに限る。」との限定が付されているのは、この趣旨である。

　3　また、それぞれの審判の効力の違いとの関係で、それぞれの審判において確認される実親の同意の対象にも違いが生ずる。

　すなわち、養親となるべき者の申立てによる第1段階の審判については、申立人との間の特別養子縁組が前提とされていることから、実親は、申立人との間の縁組の成立について同意をする必要がある。もっとも、実親が養親となるべき者を特定しないで一般的に特別養子縁組の成立に同意をしている場合には、その同意には、申立人との間の縁組の成立についての同意も含まれているものと考えられる。

　これに対し、児童相談所長の申立てによる第1段階の審判については、特定の養親候補者が前提とされていないことから、実親は、養親となるべき者を限定しないで特別養子縁組の成立に同意している必要がある。

［第1段階の各審判の対比］

| 審判＼申立人 | | 養親となるべき者 | 児童相談所長 |
|---|---|---|---|
| 審判の内容 | 特定の養親を前提とした特別養子適格の確認 | ○<br>（養親は申立人に限られる。） | × |
| | 養親を特定しない特別養子適格の確認 | × | ○ |

**Q32**　第1段階の審判事件の管轄について、養親となるべき者の申立てによる場合と、児童相談所長の申立てによる場合とで異なる規律としたのはなぜか（家事事件手続法第164条の2第2項、第234条関係）。

**A**　1　養親となるべき者が第1段階の審判（特別養子適格の確認の審判）の申立てをする場合には、その審判事件は養親となるべき者の住所地を管轄する家庭裁判所の管轄に属する（家事事件手続法第164条の2第2項）。これは、旧法下の手続における特別養子縁組の成立の審判事件の管轄と同様の規律としたものである。

2　これに対し、児童相談所長が第1段階の審判（児童相談所長の申立てによる特別養子適格の確認の審判）の申立てをする場合には、その審判事件は、養子となるべき者の住所地を管轄する家庭裁判所の管轄に属する（家事事件手続法第234条）。これは、この場合には養親となるべき者が定まっていないこともあり得るため、養親となるべき者の住所地を管轄する家庭裁判所の管轄に属するものとすることができないことを踏まえて、児童相談所長が家庭裁判所に申立てをする他の事件[注]と同様の規律としたものである。

（注）引き続いての一時保護についての承認の審判事件（児童福祉法第33条第5項、家事事件手続法別表第1の128の2の項）等

## Q33

第 1 段階の特別養子適格の確認の審判の申立ては、夫婦共同でしなければならないか（家事事件手続法第 164 条の 2 第 1 項関係）。

**A**　1　改正法には、第 1 段階の手続の申立てについて、養親となるべき者が夫婦共同でしなければならないとすることを直接定めた規定は設けられていない。

2　しかしながら、家事事件手続法第 164 条第 2 項は、第 2 段階の特別養子縁組の成立の審判事件における養子となるべき者は、第 2 段階の手続の申立人の申立てによりされた第 1 段階の審判を受けた者でなければならないとしているところ、特別養子縁組は原則として夫婦が共同でする必要があって（民法第 817 条の 3 第 2 項本文）[注1]、第 2 段階の手続は夫婦共同で申立てをしなければならないことからすれば、第 1 段階の手続も、原則として夫婦共同で申し立てられなければならないものと考えられる[注2]。

　（注 1）例外的に、夫婦の一方の嫡出子を養子とするときは、夫婦の他の一方のみとの縁組が可能である（民法第 817 条の 3 第 2 項ただし書）。
　（注 2）例えば、A・B 夫婦の申立てにより特別養子縁組を成立させるためには、A 又は B の一方のみの申立てによる第 1 段階の審判では足りず、A・B 両名の申立てによる第 1 段階の審判を要する（家事事件手続法第 164 条第 2 項）。

**Q34** 養親となる意思を有しない者は、その意思を有する者に代わって第1段階の特別養子適格の確認の審判の申立てをすることができるか（家事事件手続法第164条の2第1項関係）。

**A** 　1　家事事件手続法第164条の2第3項は、養親となるべき者が特別養子適格の確認の審判の申立てをする場合には、同時に第2段階の特別養子縁組の成立の審判の申立てもしなければならないこととしているが、第2段階の手続の申立ては、自ら養子縁組をする意思を有する者のみがすることが想定されているから、その意思を欠く者が第1段階の手続の申立てをすることは想定されない（Q36参照）。

　2　また、児童相談所長以外の者の申立てによる第1段階の審判を用いて第2段階の手続の申立てをすることができるのは、その第1段階の手続の申立てをした者に限られる（家事事件手続法第164条第2項）。そのため、自ら養子縁組をする意思を欠く者が、第1段階の審判を他の者に利用させることを意図しても、その意図を実現させることはできない。

　3　以上のとおり、自らは養子縁組をする意思を欠く者が、養親候補者に代わって第1段階の手続の申立てをすることはできない。

**Q35** 第1段階の審判（特別養子適格の確認の審判及び児童相談所長の申立てによる特別養子適格の確認の審判）は、養子となるべき者の出生から2か月が経過した後でなければすることができないこととしたのはなぜか（家事事件手続法第164条の2第1項ただし書、第239条第1項関係）。

**A**　1　第1段階の審判は、実親が自分の子について特別養子縁組が成立することを阻止することができなくなるという事実上の効果を有するものである(注1)。そのため、その審判は慎重にされる必要がある。

　2　これを実親の実情に沿ってみると、第1段階の審判をするためには、原則として実親の同意が必要であるが（民法第817条の6本文）、実親のうち特に母親は、出産後一定期間は精神的及び肉体的に不安定であることがあることから、出産後2か月間は自分の子の特別養子縁組の成立についての同意という重大な判断をさせるべきではないと考えられる。

　また、仮に出産直後に実親による養育に至らないところがあったとしても、それは出産後の不安定な精神状態による一時的なものである可能性がある。

　3　このため、家事事件手続法第164条の2第1項ただし書及び第239条第1項は、養子となるべき者の出生から2か月が経過する日までは、第1段階の審判をすることができないこととしている(注2)。

　(注1)　実親は第2段階の特別養子縁組の成立の手続には関与することができないことからすると（家事事件手続法第164条第3項、第4項）、第1段階の審判が確定すると、実親は縁組の成立を阻止するための法的手段を失うことになる。

　(注2)　なお、第1段階の審判については、養子となるべき者が18歳に達した日以後は審判をすることができないこととしている（家事事件手続法第164条の2第1項ただし書、第239条第1項）。

**Q36**
養親となるべき者が第1段階の特別養子適格の確認の審判の申立てをする場合には、第2段階の特別養子縁組の成立の審判の申立てを同時にしなければならないこととしたのはなぜか（家事事件手続法第164条の2第3項関係）。

**A**　1　第1段階の審判は、特別養子縁組の成立に向けた準備段階における中間的な審判という側面を有するから、特別養子縁組の成立の見込みが全くないのに第1段階の審判がされることは、子の利益の観点から相当でない。このため、第1段階の審判は、特別養子縁組の成立に向けた活動をすることを期待することができる者の申立てによる場合に限ってするものとすることが相当である。

　そこで、家事事件手続法第164条の2第3項は、養親となるべき者が第1段階の手続の申立てをするときは、第2段階の手続を同時に申し立てなければならないこととしている。これにより、第2段階の手続の申立てをする意思を欠く者が第1段階の手続の申立てをすることを防止することができる。

　2　なお、養親となるべき者が第1段階の手続の申立てのみをした場合には、第2段階の手続の申立てをすることが第1段階の手続の申立ての要件とされていることから、その申立ては不適法であり、却下されることになるものと考えられる。

<table>
<tr><td>Q37</td><td>第2段階の特別養子縁組の成立の審判の申立てを却下する審判が確定したとき又はその申立てが取り下げられたときには、家庭裁判所は、当該申立てをした者の申立てによる第1段階の特別養子適格の確認の審判の申立てを却下しなければならないこととしたのはなぜか（家事事件手続法第164条の2第7項関係）。</td></tr>
</table>

**A**　　1　第1段階の審判は、実質的には特別養子縁組の成立に向けた中間的な審判という側面を有するものであるが、養子となるべき者は、審判手続において陳述を聴取されるなどの関与を求められる（家事事件手続法第164条の2第6項第1号）。したがって、特別養子縁組の成立の見込みがないにもかかわらず第1段階の手続が進められることは、養子となるべき者の負担となりかねない。

　ところで、第2段階の手続の申立てを却下する審判が確定したとき又はその申立てが取り下げられたときには、特別養子縁組が成立する見込みがなくなる。このため、家事事件手続法第164条の2第7項は、第2段階の手続の申立てを却下する審判が確定したとき又はその申立てが取り下げられたときには、それにもかかわらず第1段階の手続が進行し、養子となるべき者に負担が生じることを回避するために、家庭裁判所は第1段階の手続の申立てを却下しなければならないこととしている。

　2　したがって、例えば、養親となるべき者が第1段階及び第2段階の各手続の申立てをしている場合において、その者が明らかに養親としての適格性を欠くと認められる場合には、家庭裁判所は、先に第2段階の手続の申立てを却下し、その却下決定が確定した後で、家事事件手続法第164条の2第7項に基づき、第1段階の手続の申立てを却下することもできる。

　3　なお、家事事件手続法第164条の2第8項は、家庭裁判所は、第1段階の手続の申立てを却下する審判をする場合には、養子となるべき者の実親及び養子となるべき者に対し親権を行う者等の陳述を聴かなければならないと規定しているが、第2段階の手続の申立てを却下する審判が確定した場合

や、その申立てが取り下げられた場合には、家庭裁判所は、同条第7項により第1段階の手続の申立てを必ず却下しなければならないことから、上記の者らの陳述を聴取する必要はないと考えられる。

**Q38**

第1段階の特別養子適格の確認の審判事件又は児童相談所長の申立てによる特別養子適格の確認の審判事件の手続において、実親並びに実親に対して親権を行う者及び実親の後見人から陳述を聴取し、又はこれらの者に対して審判を告知しなくてもよいのは、具体的にどのような場合か（家事事件手続法第164条の2第11項、第237条第2項関係）。

**A**　特別養子縁組が検討される一つの例として、養子となるべき者が施設の前に置き去りにされていたなどの理由で、その実親を特定することができないという場合がある。

　このような場合であっても特別養子縁組を成立させることができるようにするため、家事事件手続法第164条の2第11項（同法第237条第2項により準用される場合を含む。）は、養子となるべき者の実親を特定することができないときは、実親並びに実親に対し親権を行う者及び実親の後見人から陳述を聴取し、又は審判を告知しなくてもよいこととしている。

　これに対し、養子となるべき者の実親が特定されているが所在不明であるといった場合は、公示送達の手続等により陳述の聴取の機会を与え、又は審判を告知することが必要になると考えられる。

**Q39**　第1段階の特別養子適格の確認の審判の法的な効果はどのようなものか（家事事件手続法第164条第7項関係）。

**A**　1　第1段階の手続においては、特別養子縁組の成立要件のうち、①民法第817条の7の「父母による養子となる者の監護が著しく困難又は不適当であることその他特別の事情がある場合」であること（特別の事情要件）、②養子となるべき者の実親の同意があること又は実親がその意思を表示することができないこと若しくは実親による虐待、悪意の遺棄その他養子となる者の利益を著しく害する事由があること（同法第817条の6）を満たすか否かが審理され、それらが認められると判断された場合には、家庭裁判所は、第1段階の審判において、対象となっている子が特別養子縁組をするのに適しているということ（特別養子適格を有すること）を確認することとなる。

2　また、改正法は、第1段階の審判は、第2段階の特別養子縁組の成立の審判事件の係属裁判所を拘束することとしている（家事事件手続法第164条第7項前段）。

その趣旨は、上記1の①及び②の要件が充足されていることが第1段階の審判において確認された後は、第2段階の手続では、それらの要件充足性は審理の対象とはならず、当然にそれらの要件が充足されているものとして審判をしなければならないとすることによって、第2段階の手続において養親子のマッチングに問題がないと判断されれば、直ちに特別養子縁組を成立させることができることとするものである。

**Q40** 改正法が、第1段階の特別養子適格の確認の審判が第2段階の特別養子縁組の成立の審判事件の係属裁判所を拘束し、また、第1段階の審判は第2段階の審判がされた時にされたものとみなすこととしているのはなぜか（家事事件手続法第164条第7項関係）。

**A** 1　特別養子縁組の実質的な成立要件は民法第817条の7に定められているが、同条に定められている要件は、養子となるべき者の実親側の事情である①「実親が養子となるべき者を養育することが著しく困難又は不適当であることその他特別の事情があること」（特別の事情要件）と、養親となるべき者側の事情である②「子の利益のため特に必要がある」こと、すなわち、養親となるべき者が養子となるべき者と適合しており、両者の間に縁組を成立させることが養子となるべき者の利益のために特に必要であること（養親子適合性要件）とに分けることができる。

　これらの要件は、いずれも、特別養子縁組の成立の審判がされる時に充足されていなければならないものである。

　2　もっとも、旧法下の手続については、養親となるべき者は、特別の事情要件が充足されていると裁判所によって判断されるか否かを確実に予測することができない状況で養子となるべき者の試験養育（民法第817条の8。Q21参照）をしなければならないという問題が指摘されていた。

　また、旧法下では、実親は特別養子縁組の成立に係る手続の全過程に関与することができることとされていたため、同手続の申立人である養親となるべき者は、手続の全過程で実親と対峙することを余儀なくされるという問題も指摘されていた。

　3　そこで、改正法は、家庭裁判所が、第1段階の審判において特別の事情要件の存否を確認し、第2段階の手続においては、養親子適合性要件が充足されているか否かのみを審理して、それが認められれば、特別養子縁組を成立させる審判をすることとするとともに、第2段階の手続への実親の関与を制限することとしている（家事事件手続法第164条第3項、第4項）。これに

より、養親となるべき者は、第1段階の審判により特別の事情要件が充足されているとの家庭裁判所の審判が確定した後に試験養育を開始することができるとともに、第2段階の手続においては実親との対峙を回避することができることとなる。

4　このように、改正法は、特別の事情要件の存否については第1段階の審判で確認するものとしているが、他方で、民法第817条の7の規定を改めるものではないことから、特別の事情要件は、改正法の施行後も、その施行前と同じく、特別養子縁組の成立の審判（改正法の下での第2段階の審判）がされる時点で充足されていなければならない。

　このため、第2段階の審判事件の係属裁判所が、特別の事情要件の存否については第1段階の審判事件の係属裁判所がした判断と必ず同一の判断をする仕組みとする必要がある。

　そこで、改正法は、第1段階の審判が第2段階の審判事件の係属裁判所を拘束することとしたものである（家事事件手続法第164条第7項前段）。

5　また、実親による養育の状況は時とともに変わり得るが、第1段階の審判によって実親による養育状況について特別の事情要件が充足されていると確認された後も、第2段階の審判がされるまでの間にその状況が変わっていないかを確認すべきこととすると、第2段階の手続に実親の関与を許さざるを得ないこととなって、特別養子縁組を2段階の審判によって成立させることとした目的を十分に実現することができなくなる。

　そこで、改正法は、第1段階の審判において特別の事情要件が充足されていると確認された場合には、その確認は第2段階の審判時においてされたものとみなすこととして、第2段階の審判事件の係属裁判所が、第1段階の審判がされた後の事情の変更を考慮することなく、第2段階の審判をすることができることとしたものである（家事事件手続法第164条第7項後段）。

**Q41**　第1段階の特別養子適格の確認の審判がされた場合において、第2段階の特別養子縁組の成立の審判の申立てが却下されたときは、第1段階の審判はどうなるのか（家事事件手続法第164条の2第14項関係）。

**A**　1　第2段階の手続の申立てが却下されたときの第1段階の審判の効力については、第1段階の手続の申立てをした者が養親となるべき者であるか又は児童相談所長であるかによって異なる。

2　まず、第1段階の手続の申立てをしたのが養親となるべき者である場合には、その者は、自らが養親となることを望んでその申立てをしたものであるから、その場合の第1段階の審判は、飽くまで自らが養親となることのみを前提としたものとなり、改正法は、その者以外の者がその審判を踏まえて第2段階の手続の申立てをすることはできないものとしている（家事事件手続法第164条第2項）。

このため、養親となるべき者の申立てによって第1段階の審判がされたがその者による第2段階の手続の申立てが却下されたという場合には、その者以外の者が第1段階の審判を踏まえて第2段階の手続の申立てをすることはできない。したがって、第1段階の審判は無意味なものとなることから、改正法は、この場合には第1段階の審判は効力を失うものとしている（家事事件手続法第164条の2第14項）。

3　これに対し、第1段階の手続の申立てをしたのが児童相談所長である場合には、その申立ては、児童相談所長自らが養親となることを望んでされるわけではなく、広く養親としての適格性を有する者との縁組の前提としてされるものである（児童福祉法第33条の6の2第1項）。

このため、児童相談所長の申立てによって第1段階の審判がされたが、ある養親となるべき者による第2段階の手続の申立てが却下されたという場合であっても、その審判は効力を失わず、他に養親としての適格性を有する者がいれば、その者は、その第1段階の審判を踏まえて、その審判の確定の日から6か月以内に第2段階の手続の申立てをすることができる（家事事件手

続法第164条第2項)。

## 第3節　児童相談所長の第1段階の審判事件の手続への関与

**Q42**　第1段階の審判事件の手続について、児童相談所長に申立権を認めたのはなぜか（児童福祉法第33条の6の2第1項関係）。

**A**　1　旧法の下では、特別養子縁組については、養親となるべき者の申立てによる1個の審判事件において、特別養子縁組の全ての成立要件の充足の有無が判断されていた。このような手続の在り方については、以下のような点で養親となるべき者にとって負担となっており、そのために特別養子制度の利用が十分にされていないとの指摘があった。

　2　すなわち、まず、旧法の下では、養親となるべき者において、実親による子の養育状況を主張立証することを事実上求められる場合があり得るが、これが養親となるべき者の負担となっているとの指摘があった。この点について、児童相談所長は、特に子が施設に入所している場合には、入所前の実親による子の養育状況をよく把握していることが少なくないことから、児童相談所長がその養育状況の主張立証をすることは比較的容易であると考えられる。

　3　また、旧法の下では、実親が特別養子縁組の成立に同意していない場合など、養親となるべき者が手続において実親と対峙しなければならない場合があることや、実親に住所等を知られることが、養親となるべき者の負担となっているとの指摘もあった。この点について、実親が関与する第1段階の手続に養親となるべき者が関与しないことを認めることとすれば、手続において養親となるべき者と実親とが対峙することを回避し、また、養親となるべき者の住所等が実親に知られないようにすることができる。

　4　改正法は、これらの理由から、実親が関与し得る第1段階の手続については、児童相談所長にも申立権を認めることとしたものである（児童福祉法第33条の6の2第1項）(注1)(注2)(注3)。

（注1）改正法が第1段階の手続の申立権を児童相談所長に付与することとした理由は次のとおりである。児童相談所は、児童福祉法により、児童を養子とする養子縁組に関係する者についてその相談に応じ、必要な情報の提供、助言その他の援助を行う役割を担うものとされている（同法第12条第2項、第11条第1項第2号ト）。

また、児童相談所長は、必要があると認めるときは、児童の安全を迅速に確保し適切な保護を図る等のために、児童を一時保護することができ（児童福祉法第33条第1項）、一時保護された児童に対しては、児童の生命又は安全を確保するため緊急の必要があると認めるときは、親権者等の意思に反しても、その児童のために必要な措置を採ることができ（同法第33条の2第4項）、さらに、これらの措置について親権者が繰り返し不当な主張をすることなどによって児童の利益が害されている場合等には、親権の停止又は親権の喪失の審判の申立てをすることもできる（同法第33条の7）。

このように、児童相談所長は、児童を養子とする養子縁組に関係する者に援助を行うべき立場にあり、また、児童の利益を擁護する立場にもあることから、改正法は、児童相談所長に第1段階の手続の申立権を付与することとしたものである。

これに対し、例えば、民間の養子縁組あっせん団体の長に申立権を付与することも考えられるところではあるが、民間の養子縁組あっせん団体の長は、必ずしも児童の利益を擁護する立場にあるという位置付けが明確でなく、児童相談所長と同様に特別養子縁組の成立手続の申立権を付与することがふさわしいとはいえない。このため、今回の改正において、民間の養子縁組あっせん団体の長には第1段階の手続の申立権を付与することとはしなかったものである。

（注2）改正法が都道府県知事ではなく、児童相談所長に第1段階の手続の申立権を付与した理由は次のとおりである。すなわち、児童福祉に関して都道府県の業務とされているもののうち、即時に適切な対応が必要とされるものや裁判手続の申立て等の具体的な業務は、都道府県が設置する児童相談所又は児童相談所長が行うものとされている（児童福祉法第12条第2項、第11条第1項第1号、第2号ロからトまで、第25条の6、第33条の2から第33条の3まで、第33条の7から第33条の9まで）。

このため、今回の改正においても、第1段階の手続の申立てについては、他の裁判手続の申立てと同様に、都道府県知事ではなく、児童相談所長を申立権者としている。

（注3）なお、法制審議会特別養子制度部会における調査審議や、国会における審議においては、特別養子制度の利用促進に伴い、縁組成立後の養親子の支援をより一層充実させるべきであるとの意見が述べられたところであり、児童相談所においては、児童相談所長が第1段階の手続の申立てをしない場合であっても、縁組成立後の養親子に対して必要な援助を行うことになるし（児童福祉法第11条第1項第2号チ）、民間の養子縁組あっせん団体においても、第1段階の手続の申立権はないとはいえ、同様の援助に努めることになる（民間あっせん機関による養子縁組のあっせんに係る児童の保護等に関する法律第33条）。

**Q43**　児童相談所長は、具体的な養親候補者が決まっていない時点で第1段階の審判（児童相談所長の申立てによる特別養子適格の確認の審判）の申立てをすることができるか（児童福祉法第33条の6の2関係）。

**A**　1　今回の改正において、児童相談所長が第1段階の手続の申立てをするに当たり、具体的な養親候補者が定まっていなければならない旨の規律は設けられていない。したがって、児童相談所長は、養子となるべき者の養親候補者が具体的に定まっていなくても、第1段階の手続の申立てをすることができる。

　2　もっとも、家事事件手続法第164条第2項は、養親となるべき者は、児童相談所長の申立てによる第1段階の審判が確定した日から6か月を経過する日までに第2段階の特別養子縁組の成立の審判の申立てをしなければならないこととしている。このような規定が設けられたのは、第1段階の審判が実質的には特別養子縁組の成立に向けた準備段階における中間的な審判という側面を有することに鑑み、第2段階の手続の申立ては、なるべく早い時期にされる必要があると考えられたためである。

　3　改正法のこのような趣旨や、6か月以内に養親候補者を探し出すことが必ずしも容易でない事例があると考えられることからすると、児童相談所長は、第1段階の手続の申立てをする時点で養親候補者を定めておくことが望ましく、それができない場合でも、申立後速やかに養親候補者を定めるように努めることが期待される。この点について、改正法は、児童福祉法第33条の6の2第2項において、児童相談所長の努力義務として規定している。

**Q44**　児童相談所長は、特定の養親候補者との関係でのみ第1段階の特別養子適格の確認の審判の申立てをすることができるか（児童福祉法第33条の6の2第1項関係）。

**A**　1　仮に、児童相談所長において、養子となるべき者の実親が特定の養親候補者に限定して特別養子縁組の成立に同意している場合に、その事情を踏まえて、その養親候補者のみが養親となることを前提とする第1段階の手続の申立てをすることができることとすると、例えば、実親が、自分とは縁がなく当該養子となるべき者の養親となる意思を欠く著名人夫婦等を特定して同意をした場合であっても、それを前提とする第1段階の審判がされ得ることになる。

しかし、このような場合には、養親となるべき者として特定された者が第2段階の手続の申立てをする可能性がない以上、その第1段階の審判は無意味なものとなり、ひいては第1段階の手続への関与を求められる養子となるべき者の利益に反することとなる。

2　以上の理由から、改正法は、児童相談所長は、特定の者のみが養親となることを前提とする第1段階の手続の申立てをすることはできず、広く養親としての適格性を有する者一般との関係でのみその申立てをすることができることとしている（児童福祉法第33条の6の2第1項）。

3　なお、改正法の施行前の実務においても、児童相談所長がある子について特別養子縁組を検討する場合には、まず実親から養親候補者を特定しない形で同意を得てから養親候補者を探すという手順によっていることが通常であったようであり、改正法の上記2のような規律によって従前の実務の運用に支障が生じることにはならないと考えられる。

4　また、改正法の規律によれば、養子となるべき者の実親が特定の養親候補者との関係でしか特別養子縁組の成立に同意しないという場合には、児童相談所長が第1段階の手続の申立てをすることができなくなるが、このような場合において、当該養親候補者が当該養子となるべき者の養親となる意

思を有しているときは、実親は、当該養親候補者との間に対立がないからこそ、当該養親候補者との関係でのみ縁組の成立に同意しているものと考えられる。

　そのため、このような場合には、当該養親候補者が自ら第1段階の手続の申立てをしなければならないこととしても、その負担が過重にはなることはないと考えられる。


　5　ところで、改正法は、養子となるべき者が15歳に達している場合には、養親となるべき者がその前から養子となるべき者を引き続き養育しており、かつ、15歳に達する前に第2段階の手続の申立てをすることができなかったことについてやむを得ない事由があるときに限って特別養子縁組を成立させることができることとしている（民法第817条の5第2項）。

　したがって、養子となるべき者が15歳に達している場合には、養親となることができるのは養子となるべき者を現に養育している者に限られることとなる。


　6　もっとも、そうであるからといって、養子となるべき者が15歳に達している場合には児童相談所長は当該養子となるべき者を現に養育している者との関係に限って第1段階の手続の申立てをすることができることとすると、第1段階の手続において、当該養親となるべき者が、当該養子となるべき者を、その者が15歳に達する前から引き続き養育していたか否かという点や、その者が15歳に達する前に第2段階の手続の申立てがされなかったことについてやむを得ない事由があるか否かといった点を審理しなければならなくなる。

　しかし、改正法は、第1段階の手続においては専ら実親側の事情のみを審理することとしているから、第1段階の手続において、養親となるべき者による養育が開始された時期等の養親側の事情について審理をすることはできない。

　また、第1段階の手続及び審判において、養親となるべき者が特定されると、実親は第1段階の手続には関与することができるため、児童相談所長が申立てをしている場合であっても、養親となるべき者の氏名、住所等が実親

に知られることとなりかねない。

　7　そこで、改正法は、養子となるべき者が15歳に達している場合であっても、児童相談所長は、当該養子となるべき者を現に養育している者との関係でのみ第1段階の手続の申立てをすることはできないこととしているものと考えられる。

**Q45** 児童相談所長は、外国に住む子について、児童相談所長の申立てによる特別養子適格の確認の審判の申立てをすることができるか（児童福祉法第33条の6の2第1項関係）。

**A** 　1　児童相談所長の申立てによる特別養子適格の確認の審判は、改正法によって、我が国の家事事件手続法に設けられたものである。

したがって、児童相談所長の申立てによる特別養子適格の確認の審判をし得るのは、我が国の家事事件手続法に基づいて手続が行われる我が国の裁判所である。

　2　そこで、我が国の裁判所が外国に住む子についても国際裁判管轄権を有するか否かについて検討すると、児童相談所長の申立てによる特別養子適格の確認の審判事件は、その他の児童福祉法に係る審判事件と同様に、我が国の児童福祉制度における行政上の措置に関するものであるから、養子となるべき者が外国に住んでいる場合であっても、我が国の裁判所が管轄権を有することは当然であると考えられる。

したがって、児童相談所長は、法律上は、外国に住む子についても第1段階の手続の申立てをすることができる。

　3　もっとも、児童相談所は地方自治体が設置するものであり、その管轄区域内の子についての業務を行うものである。したがって、児童相談所長が外国に住む子について第1段階の手続の申立てをするという事態は、実際上は想定されない。

**Q46** 児童相談所長が、養親となるべき者の申立てによる第1段階の特別養子適格の確認の審判事件の手続に参加することができることとしたのはなぜか（児童福祉法第33条の6の3関係）。

**A** 1　改正法の施行前の特別養子縁組の成立手続においては、養親となるべき者が、申立人として、時に実親と手続において対峙して、実親が養子となるべき者を養育することが著しく困難であること等について事実上主張立証を求められることがあった（民法第817条の7）。

このような改正法の施行前の手続の在り方については、養親となるべき者は、通常、実親による養子となるべき者の養育状況に関する資料を有していないため、そのような事実上の主張立証をすることが、手続において実親と対峙しなければならないことがあることとも相まって、養親となるべき者にとって負担となっているとの指摘がされていた。

改正法は、このような指摘を受けて、養親となるべき者の手続上の負担の軽減を図るため、実親による養育状況等を審理する第1段階の手続については、児童相談所長も申立てをすることができることとして、必要な事案では、児童相談所長が、申立人として、実親と対峙して、実親による養育状況等の主張立証をすることができるようにしている（児童福祉法第33条の6の2第1項）。

2　もっとも、当初は実親が縁組の成立について協力的であったことから養親となるべき者が自ら第1段階の手続の申立てをした場合であっても、後に実親が翻意したために、養親となるべき者が実親と対峙して実親による養育状況等の主張立証を事実上求められるに至ったとき等には、児童相談所長の協力が必要になることがある。

そこで、改正法は、養親となるべき者の申立てによる第1段階の手続についても、児童相談所長が参加して、参加人としての立場で、実親と対峙して、実親による養育状況等の主張立証をすることができるようにしたものである。

**Q47** 家事事件手続法にはもともと手続参加の規定があるのに、新たに児童相談所長の手続参加に関する規定を設けたのはなぜか（児童福祉法第33条の6の3関係）。

**A** 1　家事事件手続法第41条は当事者参加の規定であるが、当事者参加をすることができるのは「当事者となる資格を有する者」に限られる。しかし、児童相談所長は、特別養子縁組の「当事者となる資格」を有しているわけではないことから、特別養子縁組の成立手続に当事者参加をすることはできない。

2　また、家事事件手続法第42条は利害関係参加の規定であるが、利害関係参加をすることができるのは、「審判を受ける者となるべき者」、又はそれ「以外の者であって、審判の結果により直接の影響を受けるもの」若しくは「当事者となる資格を有するもの」に限られる。しかし、児童相談所長は、これらのいずれにも該当しないことから、利害関係参加をすることもできない。

3　このため、改正法は、特別養子縁組の成立に係る手続への児童相談所長の参加を認めるために、新たに参加に関する規定を設けることとしたものである（児童福祉法第33条の6の3）。

# 第4節　特別養子縁組の成立についての実親の同意の撤回制限

**Q48** 特別養子縁組の成立についての実親の同意の撤回制限に関する規定を設けたのはなぜか（家事事件手続法第164条の2第5項、第239条第2項関係）。

**A**　1　特別養子縁組の成立には、原則として、実親の同意が必要である（民法第817条の6本文）。

　この同意について、改正法の施行前は、実親は、一旦同意をしても、特別養子縁組の成立の審判が確定するまで撤回することができるものとされていた(注)。

　2　このような改正法の施行前の取扱いについては、養親となるべき者が、実親による同意がいつ撤回されるか分からないという不安を抱いたまま養子となるべき者の試験養育（民法第817条の8。Q21参照）をしなければならないとの問題点が指摘されていた。

　3　そこで、改正法は、養親となるべき者がこのような不安定な状態で試験養育をしなければならない事態を回避するために、第1段階の特別養子適格の確認の審判事件又は児童相談所長の申立てによる特別養子適格の確認の審判事件の手続において、実親が裁判所における審問の期日等でした同意については、同意をした日から2週間が経過した後は撤回することができないこととしたものである（家事事件手続法第164条の2第5項、第239条第2項）。

（注）東京高決平成2年1月30日家月42巻6号47頁

**Q49**　今回の改正法の施行後も、実親は特別養子縁組の成立について撤回が制限されない同意をすることもできるのか（家事事件手続法第164条の2第5項、第239条第2項関係）。

**A**　1　特別養子縁組が成立すると、実親と養子となるべき者との法的な親子関係が終了するという重大な効果が生じる（民法第817条の9本文）。そのため、特別養子縁組を成立させるには、原則として、養子となるべき者の実親の同意が必要とされている（同法第817条の6本文）。

2　この実親の同意について撤回制限を設けると、実親は、その同意をした後は、特別養子縁組の成立を阻止することができなくなる。

このように実親にとって同意の撤回制限の効果が重いものであることに照らすと、同意の撤回を制限するためには、実親がその効果を十分に理解した上で、縁組の成立について真摯に同意をすることができる仕組みを設ける必要がある。

3　そこで、改正法は、実親が、第1段階の特別養子適格の確認の審判事件又は児童相談所長の申立てによる特別養子適格の確認の審判事件の手続において、養子となるべき者の出生の日から2か月を経過した日以後に、家庭裁判所調査官による事実の調査を経た上で書面によりした同意又は審問期日においてした同意に限って、撤回が制限されるものとしている（家事事件手続法第164条の2第5項、第239条第2項）。

4　もっとも、実親の同意が常にこのような厳格な方式によってされなければならないこととすると、改正法の施行前よりも実親から同意を得ることが困難となり、かえって特別養子制度が利用されにくくなって、子の利益に反することとなるおそれがある。

そこで、改正法は、実親は、家事事件手続法第164条の2第5項（同法第239条第2項により準用される場合を含む。）所定の厳格な方式によりされた同意については撤回が制限されることとする一方で、そのような方式によらず、撤回が制限されない同意がされることを特に制限していない。

> **Q50**　特別養子縁組の成立についての実親の同意のうち、撤回が制限され得るものを、実親が家庭裁判所調査官の調査を経て書面によりしたものや、審問期日においてしたものに限ったのはなぜか（家事事件手続法第 164 条の 2 第 5 項第 2 号、第 239 条第 2 項関係）。

**A**　1　特別養子縁組が成立すると、実親と養子となるべき者との法的な親子関係が終了するという重大な効果が生じる（民法第 817 条の 9 本文）。そのため、特別養子縁組を成立させるには、原則として、養子となるべき者の実親の同意が必要とされている（同法第 817 条の 6 本文）。

2　この実親の同意について撤回制限を設けると、実親は、その同意をした後は、特別養子縁組の成立を阻止することができなくなる。

このように実親にとって同意の撤回制限の効果が重いものであることに照らすと、同意の撤回を制限するためには、実親がその効果を十分に理解した上で、縁組の成立について真摯に同意をすることができる仕組みを設ける必要がある。

3　改正法が、特別養子適格の確認の審判事件又は児童相談所長の申立てによる特別養子適格の確認の審判事件の手続において、実親が家庭裁判所調査官の調査を経て書面によりした同意又は審問期日においてした同意に限って撤回が制限されることとしているのは（家事事件手続法第 164 条の 2 第 5 項第 2 号、第 239 条第 2 項）、このような同意については、裁判官や家庭裁判所調査官によって、実親が同意の効果を十分に理解していることや、同意が真摯にされたものであることを確認することができると考えられることによるものである。

**Q51** 特別養子縁組の成立についての実親の同意のうち、撤回が制限され得るものを、養子となるべき者の出生から2か月が経過した後にされたものに限ったのはなぜか（家事事件手続法第164条の2第5項第1号、第239条第2項関係）。

**A**　1　特別養子縁組が成立すると、実親と養子となるべき者との間の法的な親子関係が終了するという重大な効果が生じる（民法第817条の9本文）。そのため、特別養子縁組を成立させるには、原則として、養子となるべき者の実親の同意が必要とされている（同法第817条の6本文）。

　2　この実親の同意について撤回制限を設けると、実親は、その同意をした後は、特別養子縁組の成立を阻止することができなくなる。

　このように実親にとって同意の撤回制限の効果が重いものであることに照らすと、同意の撤回を制限するためには、実親が、精神的に安定した状況において、同意の効果を十分に理解した上で、縁組の成立について真摯に同意をすることができる仕組みを設ける必要がある。

　しかし、実親、特に実母は、子の出産の後一定期間は精神的に不安定であることがあるため、その時期にされた同意は、その効果を十分に理解した上で縁組の成立について真摯されたものとはみられない場合があり得る。

　3　そこで、改正法は、実親が、養子となるべき者の出生の日から2か月を経過した日以後にした同意に限って撤回が制限されるものとしている（家事事件手続法第164条の2第5項第1号、第239条第2項）。

**Q52** 第1段階の特別養子適格の確認の審判又は児童相談所長の申立てによる特別養子適格の確認の審判をすることができる時期と、撤回が制限され得る実親の同意の時期のいずれについても、養子となるべき者の出生から2か月が経過した後という制限があるが、両者はどのような関係にあるのか（家事事件手続法第164条の2第1項ただし書、第5項第1号、第239条関係）。

**A** 　1　改正法は、撤回が制限される実親の同意は、養子となるべき者の出生から2か月が経過した後にされたものでなければならないこととしている（家事事件手続法第164条の2第5項第1号、第239条第2項）。もっとも、これは飽くまで撤回が制限される同意の要件であり、実親が養子となるべき者の出生から2か月以内にした同意も、その撤回は制限されないが、同意としては有効である（Q49参照）。

　2　そうすると、仮に第1段階の審判の時期に関して何らの制限も設けないとすると、家庭裁判所は、撤回が制限されない同意に基づき、又は民法第817条の6ただし書所定の実親の同意を不要とする事由が存在するとの認定に基づき、養子となるべき者の出生直後に第1段階の審判をすることも可能となる。

　しかしながら、実親は第2段階の特別養子縁組の成立の手続への関与が制限されているため（家事事件手続法第164条第3項、第4項）、第1段階の審判が確定すると特別養子縁組の成立を阻止することができなくなるが、実親のうち特に母親については、出産直後は精神的・肉体的に不安定であるから、出産から一定期間は、そのような重大な効果を有する第1段階の審判をすることは必ずしも適切でないと考えられる。また、仮に、出産直後に、同意を不要とする事由が認められたとしても、それは出産直後の不安定な精神状態による一時的なものである可能性がある。

　3　以上の理由から、改正法は、第1段階の審判については、特別養子適格の確認の審判及び児童相談所長の申立てによる特別養子適格の確認の審判

のいずれについても、養子となるべき者の出生の日から2か月を経過する日まではすることができないこととしている（家事事件手続法第164条の2第1項ただし書、第239条第1項）。

## Q53

ある夫婦（A 夫婦）の申立てによる第 1 段階の特別養子適格の確認の審判事件の手続において実親が特別養子縁組の成立についてした同意は、その撤回が制限されるに至った場合には、当該 A 夫婦との間で特別養子縁組が成立に至らなかったときは、他の夫婦（B 夫婦）の申立てによる第 1 段階の手続においても撤回することができなくなるのか（家事事件手続法第 164 条の 2 第 5 項、第 239 条第 2 項関係）。

## A

1　特別養子縁組の成立には、原則として実親の同意が必要である（民法第 817 条の 6 本文）。

　改正法は、一定の要件が充足される場合には、この実親の同意の撤回を制限することとしているが、この撤回制限を実体法上の規律としてではなく、家事事件手続法において手続的な規律として設けている（同法第 164 条の 2 第 5 項、第 239 条第 2 項）。

　このため、同意の撤回は、飽くまでも、その同意がされた特別養子適格の確認の審判事件との関係でのみ制限されるものである。

　2　したがって、実親は、A 夫婦の申立てによる第 1 段階の手続において、特別養子縁組の成立について同意をして、その撤回が制限されるに至った場合であっても、A 夫婦との間で特別養子縁組が成立に至らなかったときは、B 夫婦により新たに申し立てられた第 1 段階の手続において、そもそも特別養子縁組の成立に同意をしないこともできるし、一旦同意をしても、同手続において家事事件手続法第 164 条の 2 第 5 項所定の要件を充足しない限りは、同意を撤回することができることとなる。

## 第5節　第2段階の審判事件の手続

**Q54**　第2段階の特別養子縁組の成立の審判事件の手続は、改正法の施行前の特別養子縁組の成立の審判事件に係る手続からどのように変わったのか。

**A**　1　特別養子縁組の成立要件の一つとして、「父母による養子となる者の監護が著しく困難又は不適当であることその他特別の事情がある場合」であることが定められているが（特別の事情要件。民法第817条の7）、それとともに、家庭裁判所は、特別養子縁組を成立させるには、養親となるべき者が養子となるべき者を一定期間監護（試験養育）した状況を考慮しなければならないこととされている（同法第817条の8。Q21参照）。

　この点について、特別養子縁組の成立要件が1個の手続内で審理されていた旧法下の手続においては、裁判所が、実親による養子となるべき者の養育が著しく困難であることなどの事情があると認めるか否かについては、試験養育後に審判がされるまで明らかにならなかったことから、養親となるべき者は、裁判所がどのような判断をするか分からないという不安を抱いたまま、養子となるべき者の試験養育をしなければならなかった。

　また、旧法下の手続では、特別養子縁組の成立の申立ては、養親となるべき者のみがすることができることとされていたことから、実親が特別養子縁組に反対している事例等では、養親となるべき者が審判手続において実親と対峙することを余儀なくされるという問題も指摘されていた。

　2　改正法は、旧法下の手続の上記のような問題点を踏まえて、養親となるべき者が、不安を抱きながら試験養育をしたり、審判手続において実親と対峙したりすることを避けることができるようにするために、特別養子縁組を2段階の審判により成立させることとし、養親となるべき者は、第1段階の審判によって実親による養育状況についての裁判所の判断が確定した後に第2段階の手続において安心して試験養育をすることができるようにするとともに、養親となるべき者が申立てをしなければならない第2段階の手続に

ついて、実親が養子となるべき者を代理して手続行為を行うことや手続に参
加することを制限することとしたものである（家事事件手続法第164条第3
項、第4項）。

## Q55 児童相談所長に第2段階の手続（特別養子縁組の成立の審判事件の手続）の申立権を認めなかったのはなぜか。

**A** 改正法の下では、第2段階の手続の申立てが認められると、特別養子縁組を成立させる審判がされることとなるが、第三者である児童相談所長が、ある養親となるべき者と養子となるべき者との間の特別養子縁組を成立させて法的な親子関係を形成させることを求め得るものとすることは相当でないと考えられる。

また、児童相談所長が第2段階の手続の申立てをすることができることとすると、手続の終盤に養親となるべき者が縁組の意欲を失ったような場合であっても、児童相談所長において、それを知らずに申立てを取り下げることなく、そのまま第2段階の特別養子縁組の成立の審判がされてしまうおそれもある。

このため、改正法は、第2段階の手続の申立権を児童相談所長には認めなかったものである。

**Q56**　第2段階の特別養子縁組の成立の審判事件について、養親となるべき者の住所地にしか管轄を認めなかったのはなぜか（家事事件手続法第164条第1項関係）。

**A**　1　民法上、家庭裁判所が第2段階の審判により特別養子縁組を成立させるか否かを判断するに当たっては、養親となるべき者が養子となるべき者を試験養育した状況を考慮しなければならないこととされている（同法第817条の8。Q21参照）。

2　この試験養育の状況については、家庭裁判所調査官が継続的に調査をするが、試験養育は養親となるべき者の住所地で行われることが一般的であるため、その調査を容易にするには、養親となるべき者の住所地を管轄する家庭裁判所が第2段階の審判事件を管轄するものとすることが相当であると考えられる[注]。

3　このような理由から、家事事件手続法において、第2段階の審判事件については、養親となるべき者の住所地を管轄する家庭裁判所の管轄に属するものとされている（同法第164条第1項）。

（注）金子修編著『逐条解説　家事事件手続法』（商事法務、2013年）528〜529頁

> **Q57** 第2段階の手続（特別養子縁組の成立の審判事件の手続）の申立てをした養親となるべき者が、相当期間経過後も、第1段階の手続（特別養子適格の確認の審判事件の手続）の申立てをしない場合には、家庭裁判所はどのように対応するのか（家事事件手続法第164条第2項関係）。

**A** 　1　改正法は、第2段階の手続の申立てをするためにはあらかじめ第1段階の手続の申立てをしていなければならないこととはしていないから、養親となるべき者は、第1段階の手続の申立てよりも先に第2段階の手続の申立てをすることができる。

　もっとも、特別養子縁組の対象となる養子となるべき者は第1段階の審判を受けた者に限られていることから（家事事件手続法第164条第2項）、養親となるべき者が第1段階の手続の申立てがされる前に第2段階の手続の申立てをするのは、養親となるべき者と児童相談所長との間で、近いうちに児童相談所長が第1段階の手続の申立てをすることについて事実上合意がされているような場合に限られると考えられる。

　2　このため、養親となるべき者が第2段階の手続の申立てをしている場合において、合理的な期間内に児童相談所長の申立てによる第1段階の審判がされないということは、ほとんど考えられない。

　仮に、一旦は、養親となるべき者と児童相談所長との間で、近いうちに児童相談所長が第1段階の手続の申立てをすることについて事実上合意がされたにもかかわらず、当該養親となるべき者が、第2段階の手続の申立てをした後に養親として不適格であることが判明したといった事情等のために、児童相談所長が合理的な期間内に第1段階の手続の申立てをしないときは、当該第2段階の手続の申立ては、「養子となるべき者が第1段階の審判を受けた者でなければならない」との要件を欠くものとして却下されることとなるものと考えられる。

　3　なお、この場合に、養親となるべき者が、自ら第1段階の手続の申立てのみをすることによって、既にされている第2段階の手続の申立ての却下

を避けることができるかについては、養親となるべき者が第 1 段階の手続の申立てをするには第 2 段階の手続の申立てと同時にしなければならない旨を定めた家事事件手続法第 164 条の 2 第 3 項に抵触しないかが問題となる。

　この点については、裁判所の判断に委ねられることとなるが、家事事件手続法第 164 条の 2 第 3 項の規律の存在に鑑みると、養親となるべき者は、新たに第 1 段階の手続の申立てをすることによって既にしていた第 2 段階の手続の申立ての却下を避けることはできず、第 2 段階の手続の申立てを取り下げた上で、改めて第 1 段階の手続の申立てと第 2 段階の手続の申立てとを同時にすることが相当ではないかと考えられる。

> **Q58** 養親となるべき者が児童相談所長の申立てによる第1段階の審判（児童相談所長の申立てによる特別養子適格の確認の審判）を前提に第2段階の手続（特別養子縁組の成立の審判事件の手続）の申立てをする場合には、第1段階の審判が確定した日から6か月を経過する日までに第2段階の手続の申立てをしなければならないこととしたのはなぜか（家事事件手続法第164条第2項関係）。

**A**　1　改正法は、養親となるべき者が自ら第1段階の手続の申立てをする場合には、第2段階の手続の申立てを同時にしなければならないこととしている（家事事件手続法第164条の2第3項）。

これに対し、児童相談所長は、自らが特別養子縁組における養親となるわけではないため、第1段階の手続の申立てをする場合に第2段階の手続の申立てを同時にすることを求められていない。

2　もっとも、児童相談所長の申立てにより第1段階の審判がされた場合に、養親となるべき者がその審判を前提としていつまでも第2段階の手続の申立てをすることができることとすると、養子となるべき者やその実親の法的地位が長期にわたって不安定になる。

3　また、改正法は、第1段階の審判は第2段階の審判がされた時においてされたものとみなすこととしているが（家事事件手続法第164条第7項）、第1段階の審判がされる時期と第2段階の審判がされる時期とが余りに離れると、この規律の合理性が維持され難くなるものと考えられる。

4　以上の理由から、改正法は、第2段階の手続の申立ては、児童相談所長の申立てによる第1段階の審判が確定した日から6か月を経過する日までにしなければならないこととしている（家事事件手続法第164条第2項）。

もっとも、第2段階の手続の申立ては、必ずしも常に児童相談所長の申立てによる第1段階の審判の確定後にしなければならないものではなく、同審判の確定前にすることも可能である。

Q59　第2段階の特別養子縁組の成立の審判事件の手続において、養子となるべき者の親権者であるにもかかわらず、養子となるべき者を代理して手続行為をすることや、手続に参加することが認められている「申立人の配偶者である民法第817条の3第2項ただし書に規定する他の一方」とは、具体的には、どのような者がこれに当たるのか（家事事件手続法第164条第3項、第4項関係）。

**A**　改正法は、第2段階の手続において、養子となるべき者の実親が養子となるべき者を代理して手続行為をすること（家事事件手続法第164条第3項）や手続参加をすること（同条第4項）を原則として禁止している。

　もっとも、改正法は、養子となるべき者の実親のうち、「民法第817条の3第2項ただし書に規定する他の一方」については、例外的に、第2段階の手続において、養子となるべき者を代理して手続行為をすることや手続参加をすることを許容している。

　この「民法第817条の3第2項ただし書に規定する他の一方」とは、具体的には、夫婦の一方が他方の連れ子を養子とする、いわゆる連れ子養子の場面における、連れ子の親のことである。

　このような者は、実親であっても、配偶者である養親となるべき者と対立的な立場に立つことは考え難く、むしろ、事案によっては、養親となるべき者に養親としての適格性があることについて主張することなども認めるべきであることから、例外的に、手続行為の代理や、手続への参加を制限しないこととしたものである。

**Q60** 第2段階の審判（特別養子縁組の成立の審判）をするためには、どのような者の陳述を聴かなければならないのか（家事事件手続法第164条第6項関係）。

**A** 第2段階の審判をするためには、家庭裁判所は、①養子となるべき者（15歳以上の者に限る。）、②養子となるべき者に対し親権を行う者（養子となるべき者の実親及び養子となるべき者の親権者に対し親権を行う者を除く。）及び③養子となるべき者の未成年後見人の陳述を聴かなければならない（家事事件手続法第164条第6項）<sup>(注)</sup>。

このうち、②の「養子となるべき者に対し親権を行う者」とは、具体的には、養子となるべき者が児童福祉施設に入所している場合の施設長（児童福祉法第47条）や、一時保護されている場合の児童相談所長（同法第33条第1項）のことである。

（注）以上に対し、家庭裁判所が第2段階の手続の申立てを却下する審判をする場合に陳述を聴かなければならない者は存しない。改正前の家事事件手続法第164条第4項においては、特別養子縁組の成立の審判の申立てを却下する審判をする場合には、養子となるべき者に対し親権を行う者及び養子となるべき者の未成年後見人の陳述を聴かなければならないこととされていたが、改正法では、第2段階の手続において、養子となるべき者に対し親権を行う者の手続関与が制限されること（家事事件手続法第164条第3項、第4項）などから、却下審判の場合の陳述の聴取に係る旧法の規定は削除された。

**Q61** 第2段階の審判（特別養子縁組の成立の審判）については、事情によっては、15歳未満の養子となるべき者に告知することを要しないこととしたのはなぜか（家事事件手続法第164条第9項本文関係）。

**A**　1　特別養子縁組は、それが成立すると、養子となるべき者と実親との間の法律上の親子関係が終了するという重大な効果を生じさせるものである（民法第817条の9本文）。

そのため、養子となるべき者は、特別養子縁組の成立の審判の告知を受けるべき立場にあるものと考えられる。

2　もっとも、特別養子縁組の成立の事実については、養親において養子の心情に配慮した上で適切な時期に行うべき場合もあると考えられる。

そこで、改正法は、養子となるべき者の年齢及び発達の程度その他一切の事情を考慮して、養子となるべき者の利益を害すると認められる場合には、その者に特別養子縁組の成立の審判を告知することを要しないこととしている（家事事件手続法第164条第9項本文）。

3　他方で、改正法は、特別養子縁組の成立の審判がされる時点で15歳に達している者については、その者の同意がなければ縁組を成立させることができないこととしている（民法第817条の5第3項）。

このことを踏まえて、改正法は、15歳に達している養子となるべき者に即時抗告の機会を実質的に保障するために、その者には必ず特別養子縁組の成立の審判を告知しなければならないこととしている（家事事件手続法第164条第9項ただし書）。

**Q62** 第2段階の審判（特別養子縁組の成立の審判）は、実親に告知しなければならないか（家事事件手続法第164条第10項関係）。

**A**　1　改正法は、第2段階の特別養子縁組の成立の審判は、実親に告知することを要しないこととしている（家事事件手続法第164条第10項本文）。

　これは、旧法下において、養親となるべき者が実親に本籍、住所等を知られたくないという希望があると指摘されていたこと、また、実親には特別養子縁組の成立の審判についての即時抗告権がないため（改正後の家事事件手続法第164条第14項）、即時抗告の機会を保障する必要性がないことを考慮したものである。

　2　もっとも、特別養子縁組が成立すると、実親と養子となるべき者との間の法的な親子関係が終了するという重大な効果が生じることとなる（民法第817条の9本文）。

　そこで、このことを考慮して、改正法は、家庭裁判所は、審判日及び審判の主文については、住所又は居所の知れている実親に対して通知しなければならないこととしている（家事事件手続法第164条第10項ただし書）。

　このように、実親に対する審判の主文等の通知は、住所又は居所の知れている実親に対してすれば足り、家庭裁判所において、その通知をするために実親の住所又は居所を調査する必要はない。

　3　なお、審判の主文は、現在の実務においても、「事件本人を申立人両名の特別養子とする。」といったように、養親の個人情報が記載されないものとされているようであり、改正法の施行後も、この点が変更されることはないものと考えられる。

**Q63** 第 1 段階の特別養子適格の確認の審判と第 2 段階の特別養子縁組の成立の審判とは、どのような場合に同時にされることになるのか（家事事件手続法第 164 条第 11 項関係）。

**A** 　1　改正法は、原則として、第 2 段階の手続における養子となるべき者は、第 1 段階の審判（特別養子適格の確認の審判又は児童相談所長の申立てによる特別養子適格の確認の審判）を受けた者でなければならないこととしている（家事事件手続法第 164 条第 2 項）。第 1 段階の審判を受けた者であるといえるためには、養子となるべき者が第 1 段階の審判を受け、その審判が確定していなければならないと考えられる。

　この規律は、養親となるべき者が、実親が養子となるべき者を養育することが著しく困難であること等について裁判所の確定判断を得た後に、安心して養子となるべき者の試験養育（民法第 817 条の 8。Q21 参照）を行うことができるようにすることなどを意図したものである。

　2　もっとも、実親が、養子となるべき者を養育することが著しく困難であることを認め、かつ、特別養子縁組の成立について同意（民法第 817 条の 6 本文）もしているような事例では、養親となるべき者は、第 1 段階の審判の確定を待つまでもなく、安心して養子となるべき者の試験養育を行うことができる。したがって、このような事例では、第 1 段階の審判と第 2 段階の審判とを順次するのではなく、同時にすることとして、速やかに特別養子縁組を成立させた方が、養子となるべき者の利益にかなうこととなる。

　家事事件手続法第 164 条第 11 項本文に基づいて、第 1 段階の審判と第 2 段階の審判とが同時にされる事例としては、このような事例が想定されている。

**Q64**　第1段階の特別養子適格の確認の審判と第2段階の特別養子縁組の成立の審判とが同時にされた場合に、第2段階の審判は、第1段階の審判が確定するまで確定しないこととしたのはなぜか（家事事件手続法第164条第11項後段関係）。

**A**　1　改正法は、第2段階の審判は、養子となるべき者が第1段階の審判を受け、その審判が確定したときにされることを原則としている（家事事件手続法第164条第2項）。

2　ただし、改正法の下でも、特に養親となるべき者と養子となるべき者の実親とが対立的でない事案等においては、速やかに特別養子縁組を成立させることができるようにするために、家庭裁判所は、第1段階の手続と第2段階の手続とを並行して進め、第1段階の審判と第2段階の審判とを同時にすることもできることとしている（家事事件手続法第164条第11項前段）。

3　もっとも、この場合においても、第1段階の審判によって特別養子適格が確認されない養子となるべき者について特別養子縁組を成立させることはできないことから、改正法は、第2段階の審判は、第1段階の審判が確定するまでは確定しないこととしたものである（家事事件手続法第164条第11項後段）。

4　なお、特別養子適格が確認されない養子となるべき者について特別養子縁組を成立させないこととするためには、改正法の規律とは異なり、第2段階の審判は第1段階の審判の確定前にも確定はするが効力は生じないという規律とすることも考えられなくはない。

しかし、戸籍法の規定によれば、特別養子縁組の成立の審判が確定したときは、養親は、審判確定の日から10日以内にその旨を届け出なければならないこととされている（同法第68条の2、第63条第1項）。このため、「縁組の成立の審判は確定しているがその効力は生じていない」という状況を発生させると、実務上混乱を招くおそれがある。

以上の理由から、改正法は、第2段階の審判の確定時期と効力発生時期とが常に一致するような規律としている。

**Q65**

第 1 段階の特別養子適格の確認の審判と第 2 段階の特別養子縁組の成立の審判とが同時にされた場合において、上訴審において特別養子適格を認める第 1 段階の審判が取り消されて確定したときは第 2 段階の審判を職権で取り消さなければならないこととしたのはなぜか（家事事件手続法第 164 条第12 項関係）。

**A**　　1　改正法の下では、第 2 段階の審判は、養子となるべき者が第 1 段階の審判を受け、その審判が確定したときにされることとなるが（家事事件手続法第 164 条第 2 項）、第 1 段階の審判と第 2 段階の審判とを同時にすることもできることとしている（同条第 11 項前段）。

　もっとも、この場合において、第 2 段階の審判に対する即時抗告の期間が満了したとしても、第 1 段階の審判が確定するまでは特別養子縁組を成立させることはできないことから、第 2 段階の審判は、第 1 段階の審判が確定するまでは確定しないこととしている（家事事件手続法第 164 条第 11 項後段）。

　2　第 1 段階の審判と第 2 段階の審判とが同時にされた場合において、第 1 段階の審判を取り消し、第 1 段階の手続の申立てを却下する決定が確定したときは、養子となるべき者は、特別養子適格の確認を受けた者とはなり得ないこととなる。

　このため、このような場合には第 2 段階の審判が確定する見込みがなく、これをそのまま維持しておくのは相当でない。

　以上の理由から、改正法は、このような場合には、家庭裁判所は職権でその第 2 段階の審判を取り消さなければならないこととしている（家事事件手続法第 164 条第 12 項）。この場合には、更に第 2 段階の手続の申立てを却下する審判がされることになるものと考えられる。

　3　なお、家事事件手続法第 82 条第 1 項により、上訴審では申立てを取り下げることができないこととされていることから、第 1 段階の審判と第 2 段階の審判とが同時にされた場合において、上訴審において第 1 段階の手続の申立てが取り下げられるという事態は生じない。

## 第6節　その他

> **Q66**　特別養子縁組を2段階の審判によって成立させるものとするに当たり、保全処分に関する家事事件手続法の規定を改正しなかったのはなぜか（家事事件手続法第166条関係）。

**A**　1　改正法が新たに創設した第1段階の特別養子適格の確認の審判事件の手続においては、特別養子縁組の成立要件のうち、実親による養育が著しく困難であることなどの事情の存否が確認されることとなる（家事事件手続法第164条第2項）。

　第1段階の審判は、家庭裁判所がこのような確認をするものであり、この審判がされ、さらに第2段階の特別養子縁組の成立の審判において養親子のマッチングに問題がないと判断されれば、直ちに特別養子縁組を成立させることができるという効果を有するものである。

　2　もっとも、第1段階の審判には、実親の親権を停止させる効果があるわけではない。このため、第1段階の審判が確定し、養親となるべき者が試験養育（民法第817条の8。Q21参照）を開始しても、実親は親権者として養子となるべき者の引渡しを求めることができることとなる。

　3　このような事態を回避し、養親となるべき者が、実親に妨げられることなく試験養育を行うためには、実親の親権者としての職務を停止するなどの保全処分の申立てをする必要がある。このため、特別養子縁組を2段階の審判によって成立させるものとすることとしても、保全処分について定めた家事事件手続法の規定を削除しなかったものである。

　4　なお、改正法は、第1段階の審判事件を本案とする保全処分を設けていない。これは、同法が、養親となるべき者が第1段階の手続の申立てをする場合には、第2段階の手続の申立てと同時にしなければならないこととしていることから（家事事件手続法第164条の2第3項）、養親となるべき者

は、第 2 段階の審判事件を本案とする保全処分の申立てをすれば足り、また、児童相談所長が第 1 段階の手続の申立てをする場合には、同法の保全処分ではなく、児童福祉法上の一時保護等の措置をとることができることから、第 1 段階の審判事件を本案とする保全処分を設ける必要性がないからである。

# 第4章 施行期日及び経過措置

**Q67**　改正法の施行期日は、いつか（改正法附則第1項関係）。

**A**　1　改正法は、その施行期日を、「公布の日から起算して1年を超えない範囲内において政令で定める日」としている（同法附則第1項）。

2　これは、改正法も、引き続き養子となる者の年齢の上限を設けていることから、同法における年齢の上限に達するまでに間がない子が特別養子制度を利用する機会を逸しないようにするためには早期の実施が求められる一方で、同法は、縁組成立の手続を大幅に改めるものであることから、関係者に広く周知し、同法の施行に向けて十分に準備することを促す必要があるからである。

3　なお、改正法の施行期日は、令和2年4月1日と定められた（令和元年政令第190号）。

**Q68** 改正法の規定は、その施行時に係属している事件にも適用されるか（改正法附則第 2 項関係）。

**A** 改正法は、特別養子縁組における養子となる者の年齢の上限を引き上げ、また、縁組成立の手続を 2 段階の手続に改めているが、これらの規定は、同法の施行時に裁判所に係属している事件には適用されない（同法附則第 2 項）。

　これは、改正法の施行前に申立てがされていた特別養子縁組の成立の審判事件において、養子となる者の年齢が改正前の民法第 817 条の 5 所定の上限を超えていることは考えられず、また、適用される手続規定が事件の係属中に変更されると、手続を不安定にし、当事者に不利益が生じかねないからである。

逐条解説
特別養子縁組の成立手続の見直し
（家事事件手続法及び児童福祉法）

# 第1章 | 総論（特別養子縁組の成立に関する規律の見直し）

## 1　見直しの目的

　特別養子制度の創設後、約30年の制度運用の実情に照らし、児童福祉の現場等からは、特別養子縁組の成立に関する規律については、以下のとおり、養親となる者が負担に感じる点があり、そのような負担があるために、そもそも養親候補者が見付からなかったり、また仮に養親候補者が見付かっても特別養子縁組の成立審判の申立てをためらったりすることがあるため、これらの負担が軽減されれば、特別養子制度の利用が促進されるとの指摘がされていた。

### (1)　事実上の立証の負担

　第1に、特別養子縁組が養親となる者の申立てによって成立するとされている点に関する指摘があった。

　民法では、特別養子縁組成立の要件として、「父母による養子となる者の監護が著しく困難又は不適当であることその他特別の事情がある場合」であること（同法第817条の7。以下「特別の事情要件」という。）が定められており、さらに、養子となる者の父母（以下「実親」という。）が縁組の成立に同意していないにもかかわらず（以下、縁組の成立についての実親の同意に係る要件を「同意要件」という。）縁組を成立させるときは、「父母がその意思を表示することができない場合又は父母による虐待、悪意の遺棄その他養子となる者の利益を著しく害する事由がある場合」であること（同法第817条の6ただし書。以下「同意不要事由」という。）が必要となる。家事審判事件においては、家庭裁判所は、職権で事実の調査をし、かつ、申立てにより又は職権で、必要と認める証拠調べをしなければならないこととされているが（家事事件手続法第56条第1項）、実際には、養親となる者に縁組成立要件の充足を示す一定程度の資料の提出が求められることも少なくない。しかし、養親となる者が、実親による養子となる者の監護状況についての資料を有してい

ることは多くないことから、そのような状況について立証を求められること
は、養親となる者にとって負担となっていた。

## (2)　実親との対立による精神的負担

　第2に、旧法の下でも、特別養子縁組の成立の審判事件は、家事事件手続
法の別表第1事件であって、法的には二当事者対立構造の手続ではなかった
が、特に実親が縁組の成立に同意していない事案では、養親となる者と実親
との間に事実上の対立構造が生じてしまい、養親となる者に精神的負担を生
じさせるものとなっているとの指摘があった。

　また、このような事実上の対立構造の下で、養親となる者と実親との関係
を悪化させることがあったが、このような事態は、縁組成立後も養子と実親
との交流が子（養子）の利益の観点から望ましい事案であっても、将来にお
ける養子と実親との交流の可能性を失わせることにもなりかねず、子（養
子）の利益に反することともなり得ると指摘されていた。

## (3)　実親に住所等を知られることによる負担

　第3に、旧法下の手続では、実親は、手続記録を閲覧したり、審判の告知
を受けたりすることによって、養親となる者の本籍地、住所等を知り得るこ
ととなっていた。しかし、実親の中には、養親候補者に対して特別養子縁組
の成立に同意をする代わりに金銭を要求する者や、試験養育に対して不当な
干渉をする者がいることから、養親となる者は、実親に本籍地、住所等を知
られることに不安を抱いているという指摘がされていた。

## (4)　実親の同意が縁組成立の審判の確定まで撤回可能であることによって生ずる問題

　第4に、旧法の下では、実親は、養子となる者の特別養子縁組の成立に一
旦同意をしても、縁組を成立させる審判が確定するまでの間は、自由に同意
を撤回することができることとされていたが<sup>(注)</sup>、例えば、実親が縁組の成
立に同意をしていたために、縁組成立の審判の申立てがされ、試験養育（民
法第817条の8）の期間も順調に経過していたという場合において、審判が
確定する直前に実親が翻意して同意を撤回したというときに縁組を成立させ

ることができないことになってしまうと、試験養育のために変更された養子
となる者の養育環境が再度変更されることになり、養子となる者の心情に
とって望ましくないだけでなく、養親となる者の精神的な負担ともなるとい
う指摘がされていた。また、仮に、実親が縁組の成立に同意をしている場合
であっても、その後に同意が撤回されると、縁組成立に向けた養親となる者
の努力が実を結ばない結果となるおそれがあるため、養親となろうとする者
が縁組成立の審判の申立てや試験養育の開始をためらうことになっていると
いう指摘もされていた。

　（注）東京高決平成2年1月30日家月42巻6号47頁
　「家庭裁判所が養子となる者の父母の同意に基づき、民法817条の2による特別養子縁
組を成立させる旨の審判をして関係者に告知した後に、父又は母が右同意の撤回をするこ
とを許容した場合には、手続の安定と子の福祉を害するおそれがないわけではないが、特
別養子縁組の成立が実方との親族関係を終了させるという重大な身分関係の変更をもたら
すものであり、かつ、同意の撤回の時期等を制限する規定が存しないことを考えると、審
判が告知された後であっても、これがいまだ確定せず、親子関係の断絶という形成的効力
が生じていない段階においては、同意を撤回することが許されると解すべきである。した
がって、養子となる者の父又は母が審判の告知後に同意を撤回した上、同意の欠缺を理由
に特別養子縁組を成立させる審判の取消しを求めて抗告をすることも許されるものと解さ
れる。」

## ⑸　特別の事情要件及び同意不要事由についての判断が縁組成立の審判まで示されないことによる精神的負担

　第5に、実親による養育等に関する要件該当性について、家庭裁判所の判
断が終局審判において初めて示されることに関する指摘があった。
　例えば、実親が特別養子縁組の成立に同意していなくても、同意不要事由
があれば特別養子縁組を成立させることができるが、旧法の下では、同意不
要事由の存否についての家庭裁判所の判断が示されるのは、特別養子縁組の
成立の審判事件における終局審判においてであった。しかも、この要件の判
断は多分に評価的なものであるため、どのような判断がされるかを予測する
のは必ずしも容易ではない。特別の事情要件についても、多分に評価的なも
のであるため、終局審判まで家庭裁判所の判断を予測することができないと
いう点は、同意不要事由と同様である。このような旧法下の手続において

は、実親が養子となる者の特別養子縁組の成立に同意していない場合には、仮に試験養育が順調に進んだとしても、家庭裁判所が同意不要事由の存在を否定して縁組の成立を認めないという事態が起こり得たところであり、また、実親が養子となる者の特別養子縁組の成立に同意している場合であっても、家庭裁判所が特別の事情要件の存在を否定して縁組の成立を認めないという事態も起こり得た。そのような事態は、養親となる者及び養子となる者の双方に精神的な負担となるため、結果として、実親に養育意欲が見られないような場合であっても、縁組成立の見通しが不透明であるときは、そもそも養親候補者が見付からず、また、仮に見付かっても、試験養育を開始することをためらうこととなっているとの指摘があった。

　今回の見直しは、以上のような指摘を踏まえ、家事事件手続法及び児童福祉法の改正により、①実親による養子となる者の監護状況について資料を提出して事実上立証しなければならないこと等の養親となる者の負担を軽減すること、②養親となる者と実親との間に事実上のものであっても対立構造を生じさせないようにすること、③養親となる者の個人情報が可能な限り実親に知られないようにすること、④一定の場合には実親の同意の撤回を制限すること、さらに、⑤実親による養子となる者の監護状況に関する要件について、養親となる者があらかじめ家庭裁判所の判断を得た上で試験養育を開始することができるようにすることを実現し、それによって、特別養子制度の利用を促進しようとするものである。

## 2　見直しの概要

### (1)　二段階手続の導入と特別養子適格の確認の審判の創設（家事事件手続法第164条の2及び児童福祉法第33条の6の2関係）

　今回の見直しは、前記1の指摘のうち、まず、(4)及び(5)の指摘に応えるために、特別養子縁組の成立手続を、①特別養子縁組の成立要件のうち、養親となる者と養子となる者との間の身分関係の形成に直接関係しない、実親及びその養子となる者の監護状況に関するもの（特別の事情要件、同意不要事由等）を審理し、これらの要件に該当すると判断された場合には、養子となる者がこれらの要件に該当することを確認する審判をする手続と、②養親とな

る者と養子となる者との間の身分関係の形成に直接関係する、養親子間の適合性等を審理・判断する手続とに分け、養親となる者は、第1段階の審判（上記①）が確定してから試験養育を開始し、第2段階の手続（上記②）において養子となる者との適合性等について審理・判断を受けることができるものとし<sup>(注1)(注2)</sup>、併せて、前記1の(2)の指摘に応えるため、専ら養親子間の適合性等について審理をする第2段階の手続においては、実親は利害関係を有しない以上、その手続には実親を関与させないこととするものである。

（注1）旧法下では、特別の事情要件と、民法第817条の7の「（特定の養親と特別養子縁組をすることが）子の利益のため特に必要であること」という要件（以下「養親子適合性要件」という。）とは、同時（特別養子縁組の成立の審判時）に判断されていたが、今回の見直し後には、特別の事情要件は第1段階の手続で、養親子適合性要件は第2段階の手続で、段階的・別個に判断されることになる。このように、これらの要件を段階的・別個に判断することは、実質に即したものとして相当であると考えられる。

　すなわち、まず、児童福祉の現場では、例えば施設に入所中の子について特別養子縁組を検討するに当たり、まずその子の養育のために特別養子縁組を成立させることが必要であるかが検討され、それが肯定されれば、その子の養親候補者を探し始めるというように段階的な検討がされているものと考えられる。したがって、家庭裁判所が、まず特別の事情要件の充足について判断し、それが肯定された場合に養親子適合性要件の判断をするという2段階の審理をすることとするのは、むしろ自然な思考の流れに沿うものである。

　また、理論的にも、特別養子縁組が成立すると、実親子関係が終了し、また原則として離縁をすることができない養親子関係が成立するという重大な効果が生ずることに照らせば（民法第817条の9本文、第817条の10）、例えば、実親の監護能力に大きな問題が存するからといって、その実親と比較すると監護能力はあるといえるもののなおその監護能力には不安のある養親となる者との間で縁組を成立させたり、逆に、養親となる者の監護能力が優れているからといって、実親の監護能力はその養親となる者のそれと比較すると劣るもののなお相応にあるといえるのに縁組を成立させたりするといったように、実親と養親となる者とのそれぞれの監護能力を比較して縁組の成否を決めるという相対的な判断がされるべきではない。そうすると、特別の事情要件と養親子適合性要件とは、それぞれ、当該養子となる者について特別養子縁組を成立させる必要があるかといった視点から、独立に判断されるのが相当であり、特別の事情要件と養親子適合性要件とをそれぞれ段階的・別個に審理することが相当であると考えられる。

（注2）改正法は、特別養子縁組の成立の審判事件（第2段階の審判事件）の係属裁判所は、第1段階の審判に拘束されるとともに、特別養子適格の確認は、特別養子縁組の成立の審判事件との関係では、同事件の係属裁判所がその審判時においてしたものとみなす

こととしている（家事事件手続法第164条第7項）。したがって、裁判所は、第2段階の特別養子縁組の成立の審判においては、民法第817条の7のうち、養親子適合性要件を審理・判断すれば足りることとなる。

［図］

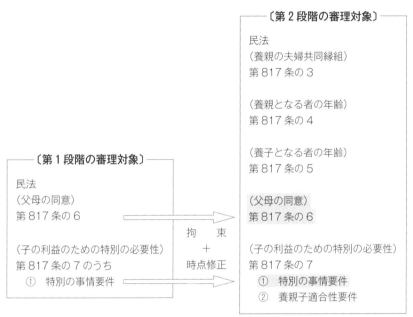

＊網掛け部分の要件は充足しているものと扱われ、審理しない。

## (2)　児童相談所長の申立権の付与と児童相談所長の申立てによる特別養子適格の確認の審判の創設（児童福祉法第33条の6の2関係）

　次に、前記1の指摘のうち、(4)及び(5)の指摘のほか、(1)から(3)までの指摘にも応えるためには、養親となる者以外の者に第1段階の手続を追行させ、その者に事実上の立証の負担をさせ、実親と対峙させる必要がある。

　この場合において、養親となる者以外の者で、第1段階の手続を追行させるのにふさわしい者として考えられるのは、次の理由により、児童相談所長であると考えられる。そこで、改正法は、児童相談所長にも第1段階の手続についての申立権を付与することとしている。

　まず、実親による監護を受けることが困難な事情のある子の養子縁組に関心を有するのは、児童を養子とする養子縁組に関わる者についてその相談に応じ、必要な情報の提供、助言その他の援助を行うべき児童相談所（児童福祉法第12条第2項、第11条第1項第2号チ）の長であると考えられる。

　また、児童相談所長は、必要があると認めるときは、児童の安全を迅速に確保し適切な保護を図る等のために、児童を一時保護することができ（児童福祉法第33条第1項）、一時保護された児童に対しては、児童の生命又は安全を確保するため緊急の必要があると認めるときは、親権者等の意思に反しても、その児童のために必要な措置を採ることができるが（同法第33条の2第4項）、さらに、これらの措置について親権者が繰り返し不当な主張をすることなどによって児童の利益が害されている場合等には、親権の停止又は親権の喪失の審判の申立てをすることもできる（同法第33条の7）。

　このように、児童相談所長は、児童を養子とする養子縁組に関わる者に援助を行うべき立場にあり、また、児童の利益を擁護する立場にもあることを踏まえて、改正法は、第1段階の手続については、児童相談所長も申立てをすることができることとしたものである。

⑶　養親となるべき者の申立てによる第1段階の手続と児童相談所長の申立てによる第1段階の手続の各概要

ア　第1段階の手続のうち、養親となるべき者の申立てによる特別養子適格の確認の審判事件の手続について

　改正法は、養親となるべき者の申立てによる第1段階の手続については、養子となるべき者との縁組をする意思を有しない者がその申立てをすることを防止するため、養親となるべき者は、第1段階の手続の申立てをするには、第2段階の手続の申立てを同時にしなければならないこととしている（家事事件手続法第164条の2第3項）。

　養親となるべき者が第1段階の手続の申立てをする場合には、養親となるべき者は、自らが養親となることを望んでその申立てをするものであるから、その場合の第1段階の審判は、飽くまで自らが養親となることのみを前提としたものとなる。そこで、改正法は、第1段階の手続の申立てをした者以外の者がその審判を利用して第2段階の手続の申立てをすることはできな

いこととしている（家事事件手続法第164条第2項）<sup>(注)</sup>。

　なお、養親となるべき者が養子となるべき者を監護する能力を欠いているなど、養親子適合性を欠いていることが明らかである場合には、第1段階の手続において審理を尽くすまでもなく、第1段階の手続の申立てを却下することが相当である場合もあり得る。そこで、改正法は、このような場合に、家庭裁判所は、まず第2段階の手続の申立てを却下した上で、その却下審判が確定したときには第1段階の手続の申立ても却下しなければならないこととしている（家事事件手続法第164条の2第7項）。

　（注）仮に、本文の記載とは異なり、養親となるべき者の申立てにより第1段階の審判がされた場合にも、当該養親となるべき者以外の者もその審判を前提として第2段階の手続の申立てをすることができる規律とすると、第1段階の手続の申立人（A）が自ら養親となることを前提とする第1段階の審判を得られれば十分であると考えている場合であっても、家事審判手続には処分権主義の適用がなく、申立てによって審判対象が限定されないことから、家庭裁判所は、当該申立人（A）以外の者が第2段階の手続の申立てをする場合に備えて、養親としての適格性を有する者一般を前提とする第1段階の審判をすることができるかを審理しなければならないこととなると考えられる。そうであるとすると、例えば、実親が申立人（A）を特定して特別養子縁組の成立に同意をしていても、養親としての適格性を有する者一般との間の縁組の成立について同意がされていない以上、同意不要事由が認められない限り、裁判所は第1段階の審判をすることができないということにもなりかねない。また、逆に、実親が申立人（A）以外の者（B）を特定して同意をしているときでも、同意不要事由が認められなければ、Bが養親となることを前提とする第1段階の審判がされ得るということにもなりかねないが、このような結論の相当性には疑問が残る。したがって、本文に記載した規律には必要性及び合理性があると考えられる。
　他方で、このような規律の許容性についてみても、そもそも、養親となるべき者が第1段階の手続の申立てをするのは、自らが養親となる特別養子縁組のみを望むからであり、第三者との間の特別養子縁組が円滑に進むことまで望んでいることは通常は考え難いから、改正法の規律は、養親となるべき者の利益を害するものではないと考えられる。
　また、仮に、養親となるべき者の申立てによる第1段階の手続において、実親が養親となる者を特定しないでする同意（白地同意）をしている場合や、明らかに同意不要事由が認められる場合であって、当該申立人との間の縁組が不成立となることに備えて養親となる者を特定しないで第1段階の審判を得ておいた方がよいという事例があれば、児童相談所長が別途第1段階の手続の申立てをすることができるため（後記イ）、養親となるべき者が申立てをした場合に養親としての適格性を有する者一般が養親となり得ることを前提

とした第1段階の審判をしなければ支障が生じるということもない。

## イ　第1段階の手続のうち、児童相談所長の申立てによる特別養子適格の確認の審判事件の手続について

　この審判は、児童相談所長の申立てによってされるものであるが、申立ての際に養親候補者が定まっている必要はない<sup>（注1）</sup>。

　また、児童相談所長の申立てによる第1段階の審判がされた場合には、第2段階の手続の申立てをすることのできる者は限定されていない（児童相談所長自身が第2段階の特別養子縁組の成立の審判の申立てをすることは考えられない。）<sup>（注2）（注3）</sup>。

　（注1）第1段階の審判の時点で養親候補者が定まっていなくてもよいこととすることには、次のような利点がある。

　すなわち、旧法下においては、例えば、実親が行方不明で施設に入所中の子について、特別養子縁組をすることが必要であると考えられても、いつ実親が現れて縁組に反対するか分からない状態では、養親候補者を見付けることは実際上困難であるし、仮に見付かったとしても養親候補者が実際に試験養育を開始することをためらってしまうということが指摘されていた。

　そのため、養親候補者が定まっていない段階でも児童相談所長の申立てにより第1段階の特別養子適格の確認の審判を得ておくことができるようにすることは、特別養子制度の利用促進の観点から有益であると考えられる。

　（注2）仮に、児童相談所長の申立てによって、特定の者のみが養親となることを前提とする第1段階の審判をすることができることとした場合には、民法第817条の6ただし書の要件（同意不要事由）が充足されない限り、実親の同意によって第1段階の審判の効力が及ぶ範囲が決まることになる。そうすると、例えば、実親が、自分とは縁のない著名人夫婦等養子となるべき者との間で特別養子縁組をする意思を欠く者を特定して同意をしている場合であっても、それを前提とする第1段階の審判がされ得ることになるが、このような審判がされた場合に養親となるべき者として特定された者が第2段階の手続の申立てをする可能性はなく、児童相談所長の申立てによりされた第1段階の審判が無意味なものになりかねない。したがって、児童相談所長の申立てによる場合は、養親としての適格性を有する者一般との関係で第1段階の審判を受けた上で、これを前提に養親となることを希望する者が第2段階の手続の申立てをするという仕組みにする必要があると考えられる。

　実務的には、児童相談所長がある子について特別養子縁組を検討する場合には、まず実

親から白地同意を得てから養親候補者を探しているとの指摘があるところであり、児童相談所長が実親から同意を得ることを前提に第1段階の手続の申立てをするのは、実親が白地同意をしている場合であるのが通常であると考えられる。したがって、もともと、児童相談所長が第1段階の手続の申立てをする場合に、白地同意が得られず養親となるべき者を特定してされた同意しか得られないといった事態はほとんどないと考えられる。

　また、実親が養親となるべき者を特定して同意をするのは、当該養親となるべき者との間に対立関係がないからこそであると考えられるから、実親が養親となるべき者を特定した同意しかしていない場合には、当該養親となるべき者が自ら第1段階の手続の申立てをしなければならないこととしても、その負担は過重にはならないと考えられるのであり、あえて公的な立場にある児童相談所長に第1段階の手続の申立てをさせる必要はないものと考えられる。

　(注3)　改正法の下では、養子となるべき者が15歳に達している場合には、養親となり得るのは、現に養子となるべき者を監護している者に限られるが（民法第817条の5第2項）、改正法は、以下の理由から、このような場合についても、児童相談所長の申立てによる第1段階の審判は、養親となるべき者を特定しないでするものとしたものである。

　すなわち、改正法は、第1段階の手続は民法第817条の6の要件及び同法第817条の7の要件のうちの特別の事情要件の存否等について審理・判断するものとする一方で、第2段階の手続の申立時点で養子となるべき者が15歳に達している場合において、その者が15歳に達する前から引き続き養親となるべき者に監護されていたか否かや養子となるべき者が15歳に達する前に第2段階の手続の申立てがされなかったことにつきやむを得ない事由があるか否かは、第2段階の手続において審理・判断するものとしている。したがって、養子となるべき者が15歳に達している場合についても、養子となるべき者が15歳未満である場合と同様に、児童相談所長の申立てによる第1段階の審判においては、養親となるべき者が特定されないこととするのが理論的に一貫するものと考えられる。

　また、実際上も、仮に、養子となるべき者が15歳に達している場合には、現に養子となるべき者を監護している者との関係でのみ第1段階の審判をすることができることとすると、第1段階の手続及び審判において、養親となるべき者が誰であるかを特定せざるを得ず、養親となるべき者が実親にも明らかになるものと考えられる。これでは、養親となるべき者の氏名、住所等を実親に知らせないようにしようとする二段階手続の導入の目的が没却されることとなる。

## (4)　実親の同意の撤回制限（家事事件手続法第164条の2第5項、第239条第2項関係）

　前記1の(4)のとおり、旧法下においては、実親が養子となるべき者の特別養子縁組の成立についてする同意が縁組成立の審判が確定するまで撤回可能

であったことから、養親となるべき者が縁組成立の審判の申立てや試験養育の開始をためらうことになっているという指摘があった。

　今回の見直しにより、二段階手続を導入しても、例えば、実親が縁組の成立に同意をしていたために、養親となるべき者が第1段階の手続と第2段階の手続の申立てを行い、第1段階の審判と第2段階の審判とが同時にされること（家事事件手続法第164条の2第3項、第164条第11項前段）を念頭に置いて、第1段階の手続の審理と並行して試験養育期間も順調に経過していたという場合において、第1段階の審判と第2段階の審判とが同時にされる直前に実親が翻意して同意を撤回したというときに縁組を成立させることができないことになってしまうと、旧法下におけるのと同様の問題が生じ得ると考えられる。また、仮に、実親が縁組の成立に同意をしている場合であっても、その後に同意が撤回されると、縁組成立に向けた養親となるべき者の努力が無駄になるおそれがあるというのであれば、本来であれば第1段階の審判を先行させる必要がないような事案についても、第1段階の審判が確定してから試験養育を開始するという取扱いがされ、旧法下における手続よりも手続全体に要する時間が長期化するおそれがある。

　そこで、特別養子制度の利用を促進する観点からは、二段階手続の導入に加えて、さらに、一定の場合には実親の同意の撤回を制限する必要があるものと考えられる。他方で、実親の利益にも配慮し、安易な同意を防止するために、実親が同意の有する法的効果を真に理解した上で真摯に同意していることを制度的に担保することや、同意をしてからも一定の熟慮期間を置いて、その期間内に限っては自由に同意を撤回することができることとすること等が必要と考えられる。

　そこで、改正法は、実親が、子の出産から精神的に安定するまでに必要と考えられる2か月を経過した後に、子の特別養子縁組の成立について、第1段階の手続において、家庭裁判所調査官の調査を経て書面により、又は審問期日において同意したときは、同意の日から2週間の熟慮期間を経過した後は、その同意を撤回することができないこととしたものである（家事事件手続法第164条の2第5項、第239条第2項）。

　もっとも、この方式によらない実親の同意を全て無効とすると、旧法下におけるよりも要件が厳格となって、特別養子制度の利用を促進するという改

正の趣旨に沿わないこととなる。このため、改正法の施行後も、無方式の同意もなお有効であり、このような同意については、第1段階の審判の確定までいつでも撤回することができることとなるものと考えられる。

⑸　養親となるべき者の申立てによる第1段階の手続と児童相談所長の申立てによる第1段階の手続の対比

［第1段階の各審判の対比］

| 審判 | 申立人 | 養親となるべき者 | 児童相談所長 |
|---|---|---|---|
| 審判の内容 | 特定の養親を前提とした特別養子適格の確認 | ○<br>（養親は申立人に限る。） | × |
| | 養親を特定しない特別養子適格の確認 | × | ○ |
| 見直しの必要性との対応関係 | 1(1) | ×<br>（ただし、児童相談所長の参加の制度（児童福祉法第33条の6の3）がある。） | ○ |
| | 1(2) | | |
| | 1(3) | △<br>（原則として養親となるべき者の住所・氏名等は、申立人として審判書等に記載され、実親に知られることとなるが、本籍は記載されない点で意味がある。） | ○<br>（仮に養親候補者がいたとしても、養親候補者と無関係に行われるため、養親候補者の氏名等が実親に知られることはない。） |
| | 1(4) | ○<br>（第1段階の審判が先行して確定した場合には、以降、養親となるべき者は安心して試験養育に専念することができる。） | |
| | 1(5) | | |

## 3　二段階手続を導入するに当たり検討された事項

⑴　第1段階の審判において、特別養子縁組の実体的要件の一部を判断し、その判断に第2段階の審判事件の係属裁判所が拘束されることの適否

改正法は、第1段階の特別養子適格の確認の審判事件又は児童相談所長の申立てによる特別養子適格の確認の審判事件において、特別の事情要件及び同意要件を審理し、第2段階の特別養子縁組の成立の審判事件では養親子適

合性を審理することとしている。そして、第2段階の審判事件の係属裁判所
は第1段階の審判に拘束されるとともに、第2段階の審判との関係では、第
1段階の審判において審理された各要件に該当することの確認（特別養子適
格の確認）を第2段階の審判時にしたものとみなす旨の規律（家事事件手続法
第164条第7項）を設けている。したがって、第1段階の審判が確定した場
合には、第2段階の審判では、これらの要件を判断することなく、養親子適
合性が認められるときは特別養子縁組を成立させることができることとなる。
　このような規律を設けたのは、以下の理由によるものである。

### ア　規律の必要性

　前記1の(1)から(3)までに記載した養親となるべき者の事実上の立証の負
担、実親との対立による精神的負担及び実親に住所等を知られることによる
負担を軽減するためには、養親となるべき者と実親とが同一の手続で事実上
対峙することを回避する必要がある。改正法は、第1段階の審判で実親に関
する要件を確定し、第2段階の手続では、専ら養親子適合性を審理・判断の
対象として、実親が関与することができないこととすることで、これらに対
応している。
　また、第1段階の審判が確定すると、第2段階の審判においても、特別の
事情要件及び同意要件の充足が認められることが確定することとなる。これ
によって、前記1の(4)及び(5)に記載した実親の同意が縁組成立審判の確定ま
で撤回可能であることによって生ずる問題及び同意不要事由についての判断
が縁組成立の審判まで示されないことによる養親となるべき者の精神的負担
を解消することができる。
　このように、第1段階の審判において、特別養子縁組の実体的要件の一部
を判断し、その判断に第2段階の審判事件の係属裁判所が拘束されるという
規律は、前記1の(4)及び(5)の指摘に応えるものであるから、これを設ける必
要性がある。

### イ　規律の許容性

　他方で、このような規律を設けた場合に実親の手続保障が十分にされてい
るかが問題となるが、第1段階の審判では、実親の陳述の聴取が必要とされ
（家事事件手続法第164条の2第6項第2号）、また、実親の即時抗告権が認め
られており（同条第12項第1号）、実親について十分な手続保障がされてい

る。一方で、第1段階の審判がされた場合には、養子となるべき者について
は、試験養育が行われ、養親となるべき者との間で特別養子縁組の成立に向
けた信頼関係が形成されていくことが予定されており、そのような状況にも
かかわらず、実親が、第2段階の手続に参加した上で、自身の監護能力等が
変化したことなどを主張して特別養子縁組の成立を阻止することができるこ
ととするのは、養子となるべき者の利益に反することとなる。

　このように、実親には陳述の機会等の手続保障が十分にされている一方
で、養子となるべき者の利益のために、第2段階の手続については実親の関
与を制限する必要性があることを考慮すれば、第1段階の審判で特別養子縁
組の実体的要件の一部を判断し、その判断が第2段階の審判事件の係属裁判
所を拘束することとすることは許容されるものと考えられる。

### (2)　特別養子縁組の成立の審判事件（第2段階の手続）に、実親等の関与を制限することの必要性及び許容性

　改正法が第2段階の手続への実親（その嫡出子を実親の配偶者が特別養子と
する場合の実親を除く。）及び養子となるべき者の親権を有する未成年の実親
の親権者（以下「実親等」という。）の関与を制限することとしたのは、以下
のような理由によるものである。

**ア　規律の必要性**

　上記(1)アと同様の理由で、このような規律の必要性が肯定されるものと考
えられる。

**イ　規律の許容性**

　第2段階の手続において審理の対象となるのは養親子適合性要件であり、
実親には関係しない事情であるから、第2段階の手続に実親等を関与させ、
養親子適合性要件を欠くことを主張立証させる必要性に乏しいということが
できる。

　このことに加え、上記(1)イで述べたとおり、第1段階の審判がされる段階
では、既に、実親等に十分な手続保障がされている手続によって特別養子縁
組の必要性が認められている一方で、最も重視すべきである養子となるべき
者の利益の観点からは実親等の第2段階の手続への関与を制限する必要があ
ることを考慮すると、このような規律を設けることが許容されるものと考え

られる。

## ⑶　実務への影響（審理長期化の懸念）について

　手続を2段階にすると、特別養子縁組の成立手続全体に要する期間が長期化するのではないかとの懸念が生じ得るが、改正法は、養親となるべき者が第1段階の手続の申立てをするには、第2段階の手続の申立てもしなければならず、また、家庭裁判所は、養親となるべき者が第1段階の手続の申立てをした場合には、第1段階の審判と第2段階の審判とを同時にすることができることとしている（家事事件手続法第164条の2第3項、第164条第11項前段）。これによって、旧法下において養親となるべき者の申立てによって特段の問題がなく成立していたような縁組については、改正法の施行後も、その施行前と同様の期間で縁組を成立させることができることとなるものと考えられる。

[特別養子適格の確認の審判イメージ図]

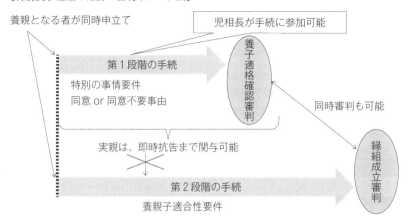

[児童相談所長の申立てによる特別養子適格の確認の審判イメージ図]

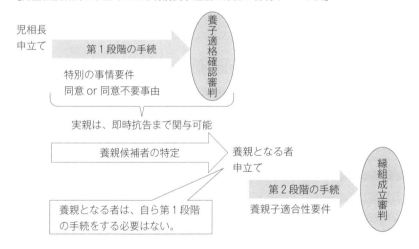

# 第2章 各論（逐条解説）

## 新家事事件手続法第164条

> **（特別養子縁組の成立の審判事件）**
> 第164条 特別養子縁組の成立の審判事件は、養親となるべき者の住所地を管轄する家庭裁判所の管轄に属する。
> 2 養子となるべき者は、特別養子適格の確認（養子となるべき者について民法第八百十七条の六に定める要件があること及び同法第八百十七条の七に規定する父母による養子となる者の監護が著しく困難又は不適当であることその他特別の事情がある場合に該当することについての確認をいう。以下この条及び次条において同じ。）の審判（申立人の同条第一項の規定による申立てによりされたものに限る。）を受けた者又は児童相談所長の申立てによる特別養子適格の確認の審判（特別養子縁組の成立の申立ての日の六箇月前の日以後に確定したものに限る。）を受けた者でなければならない。
> 3 養子となるべき者の親権者（申立人の配偶者である民法第八百十七条の三第二項ただし書に規定する他の一方を除く。以下この項において同じ。）及びその親権者に対し親権を行う者は、特別養子縁組の成立の審判事件において養子となるべき者を代理して手続行為をすることができない。
> 4 養子となるべき者の父母（申立人の配偶者である民法第八百十七条の三第二項ただし書に規定する他の一方を除く。第十項において同じ。）は、第四十二条第一項及び第三項の規定にかかわらず、特別養子縁組の成立の審判事件の手続に参加することができない。
> 5 第百十八条の規定は、特別養子縁組の成立の審判事件（当該審判事件を本案とする保全処分についての審判事件を含む。）における養親となるべき者並びに養子となるべき者及び申立人の配偶者である民法第八百十七条の三第二項ただし書に規定する他の一方について準用する。
> 6 家庭裁判所は、特別養子縁組の成立の審判をする場合には、次に掲げる者の陳述を聴かなければならない。
> 　一 養子となるべき者（十五歳以上のものに限る。）
> 　二 養子となるべき者に対し親権を行う者（養子となるべき者の父母及び養子となるべき者の親権者に対し親権を行う者を除く。）及び養子となるべ

き者の未成年後見人

7　特別養子適格の確認の審判（児童相談所長の申立てによる特別養子適格の確認の審判を含む。以下この項において同じ。）は、特別養子縁組の成立の審判事件の係属する裁判所を拘束する。この場合において、特別養子適格の確認の審判は、特別養子縁組の成立の審判事件との関係においては、特別養子縁組の成立の審判をする時においてしたものとみなす。

8　特別養子縁組の成立の審判は、第七十四条第一項に規定する者のほか、第六項第二号に掲げる者に告知しなければならない。

9　特別養子縁組の成立の審判は、養子となるべき者の年齢及び発達の程度その他一切の事情を考慮してその者の利益を害すると認める場合には、その者に告知することを要しない。ただし、養子となるべき者が十五歳に達している場合は、この限りでない。

10　特別養子縁組の成立の審判は、養子となるべき者の父母に告知することを要しない。ただし、住所又は居所が知れている父母に対しては、審判をした日及び審判の主文を通知しなければならない。

11　家庭裁判所は、第二項の規定にかかわらず、特別養子縁組の成立の審判を、特別養子適格の確認の審判と同時にすることができる。この場合においては、特別養子縁組の成立の審判は、特別養子適格の確認の審判が確定するまでは、確定しないものとする。

12　家庭裁判所は、前項前段の場合において、特別養子適格の確認の審判を取り消す裁判が確定したときは、職権で、特別養子縁組の成立の審判を取り消さなければならない。

13　特別養子縁組の成立の審判は、養子となるべき者が十八歳に達した日以後は、確定しないものとする。この場合においては、家庭裁判所は、職権で、その審判を取り消さなければならない。

14　次の各号に掲げる審判に対しては、当該各号に定める者は、即時抗告をすることができる。
　一　特別養子縁組の成立の審判　養子となるべき者及び第六項第二号に掲げる者
　二　特別養子縁組の成立の申立てを却下する審判　申立人

15　養子となるべき者（十五歳未満のものに限る。）による特別養子縁組の成立の審判に対する即時抗告の期間は、養子となるべき者以外の者が審判の告知を受けた日（二以上あるときは、当該日のうち最も遅い日）から進行する。

　本条は、二段階手続における第 2 段階の特別養子縁組の成立の審判事件の手続を定めるものである。

## 1　第1項関係（管轄裁判所）

　本項は、旧法と同様に、特別養子縁組の成立の審判事件は、養親となるべき者の住所地を管轄する家庭裁判所の管轄に属する旨を定めるものである。

　これは、二段階手続を導入した場合であっても、第2段階の特別養子縁組の成立の審判事件においては、その係属中に試験養育がされることが想定されるところであり、試験養育は養親となるべき者の住所地で行われることが一般的であるため、試験養育の状況についての家庭裁判所調査官による継続的な調査（民法第817条の8）を容易にするには、養親となるべき者の住所地を管轄する家庭裁判所が、特別養子縁組の成立の審判事件を管轄するものとすることが相当であると考えられたためである。

## 2　第2項関係（養子となるべき者が第1段階の審判を受けていること）

　本項は、第2段階の特別養子縁組の成立の審判をするためには、養子となるべき者が、第1段階の特別養子適格の確認の審判を受けた者でなければならないことを定めるものである。二段階手続の導入に伴い、第2段階の審判は、第1段階の審判を前提とするものであることを定める規律である。

　特別養子適格の確認の審判は、即時抗告をすることができる審判であるから、確定した時にその効力を生ずる（家事事件手続法第74条第2項ただし書）。したがって、「特別養子適格の確認の審判を受けた者」というためには、同審判が確定していなければならないため、原則として、第2段階の審判は、第1段階の審判の確定後でなければすることができないこととなる。ただし、この点については、本条第11項前段において、第1段階の審判と第2段階の審判とを同時にすることができる旨の特則を設けている。

　なお、改正法は、養親となるべき者が第1段階の手続の申立てをする場合には、第2段階の手続の申立ても同時にしなければならないこととしている（家事事件手続法第164条の2第3項）。これに対し、児童相談所長は自らが特別養子縁組における養親となるわけではないから、児童相談所長が第1段階の手続の申立てをする場合に第2段階の手続の申立てを同時にすることは求められていない。もっとも、児童相談所長の申立てにより第1段階の審判がされた場合に、養親となるべき者がその審判を前提としていつまでも第2段階の手続の申立てをすることができることとすると、実親や養子となるべき

者の法的地位が長期にわたって不安定になるし、第1段階の審判は第2段階の審判事件の係属裁判所を拘束し、かつ、第2段階の審判がされた時においてされたものとみなすとの規律（本条第7項）の合理性を維持し難くなるものと考えられる。そのため、本項は、児童相談所長の申立てによる第1段階の審判を前提として養親となるべき者が第2段階の手続の申立てをする場合には、その申立ては、第1段階の審判の確定の日から6か月を経過する日までにしなければならないこととしている<sup>(注)</sup>。

　また、改正法は、第1段階の手続の申立ては、児童相談所長のほかは養親となるべき者のみがすることができるものとしているが（家事事件手続法第164条の2第1項）、養親となるべき者による申立ての場合には、飽くまで当該養親となるべき者と養子となるべき者との縁組の成立を目的とするものであるから、第2段階の審判の前提となる第1段階の審判は、第2段階の手続の申立人（養親となるべき者）の申立てによるものでなければならない。このため、例えば、A夫婦の申立てにより第1段階の審判がされても、その審判を前提として、別のB夫婦が第2段階の手続の申立てをすることはできないこととなる。

　（注）児童相談所長は、養親候補者が見付かっていない状態であっても第1段階の手続の申立てをすることができることとなるが、実際には、申立ての段階で、既に特定の養親候補者が決まっていたり、里親候補者で条件に合う者のうち何人かが候補者として念頭に置かれていたりするという運用が多くなるものと考えられる。なぜなら、第1段階の審判は、養子となるべき者にとっても家庭裁判所調査官による調査に対応する等の負担があるため、特別養子縁組に至る蓋然性がないにもかかわらず第1段階の手続の申立てをすることは養子となるべき者の利益に沿うものではなく、そのような申立てを児童相談所長がすることは相当でないからである。児童福祉法第33条の6の2第2項は、児童相談所長は、第1段階の手続の申立てをする場合において、児童と特別養子縁組をすることを希望する者が現に存しないときは、養子縁組里親その他の適当な者に対し、当該児童に係る特別養子縁組の成立の申立てを行うことを勧奨するよう努めるものとする旨を定める規定であるが、同項は、上述した趣旨を明らかにするために設けられたものである。

## 3　第3項関係（実親等の手続行為の代理権の制限）

　本項は、二段階手続における第2段階の特別養子縁組の成立の審判事件において、養子となるべき者の親権者である実親及びその実親が未成年者であ

る場合の実親の親権者（民法第833条）は、本来であれば養子となるべき者
に対して親権を行使する者として養子となるべき者を代理することができる
が、第2段階の手続においては、養子となるべき者を代理して手続行為をす
ることができないことを定めるものである。

　二段階手続の導入は、実親に関する要件の判断を第1段階の審判で行い、
第2段階の手続については、実親等の関与なく行うことができることとする
ものである。本条第4項が、実親は第2段階の手続に参加することができな
いこととしているのは、この趣旨である。もっとも、養子となるべき者の第
2段階の手続への参加は制限されていないことから、実親が養子となるべき
者の親権者である場合に、実親及びその親権者の代理権を制限しないと、そ
れらの者は、養子となるべき者を代理して手続行為を行ったり、審判に即時
抗告をしたりすることができることになってしまう。そこで、このような事
態を防止するために、本項は、養子となるべき者の親権者である実親及びそ
の親権者の手続行為の代理権を制限している。

　なお、養子となるべき者の親権者のうち、「民法第817条の3第2項ただ
し書に規定する他の一方」を除いているのは、配偶者の嫡出子を養子とする
場合における配偶者については、養親となるべき者と対立的な立場に立つこ
とは考え難いため、代理権を制限する必要がないからである。

## 4　第4項関係（実親の手続への参加の制限）

　本項は、実親は二段階手続における第2段階の特別養子縁組の成立の審判
事件の手続に参加することができず、家庭裁判所が職権でその手続に参加さ
せることもできないことを定めるものである。

　家事事件手続法第42条第1項によれば、「審判を受ける者となるべき者」
は、家事審判の手続に参加することができ、同条第3項によれば、家庭裁判
所は、相当と認めるときは、職権で、「審判を受ける者となるべき者」を上
記の手続に参加させることができることとされている。「審判を受ける者と
なるべき者」とは、申立てを却下する裁判以外の審判がされた場合に、当該
審判により、その者の法律関係が創設、消滅又は変更されることとなる者を
いうが[注]、実親は、特別養子縁組の成立の審判がされると、養子となるべ
き者との間の法的な親子関係が終了することとなるから（民法第817条の9

本文）、本来は「審判を受ける者となるべき者」に該当する。そこで、本項は、二段階手続の導入の趣旨に鑑み、第 2 段階の手続において実親と養親となるべき者とが対峙することを回避させるために、実親はその手続に参加することができないこととしたものである。実親に対しては、第 1 段階の手続において十分な手続保障がされることから、第 2 段階の手続への参加を制限することは許容されるものと考えられる。

　ただし、本項は、例外的に、実親のうち、「民法第 817 条の 3 第 2 項ただし書に規定する他の一方」については、第 2 段階の手続に参加することができることとしている。これは、配偶者の嫡出子を養子とする場合における配偶者については、養親となるべき者と対立的な立場に立つことは考え難いため、第 2 段階の手続への参加を制限する必要がなく、むしろ、家庭裁判所の許可を得て利害関係参加をして、養親となるべき者に養親としての適格性があることについて主張することなども認めるべきであると考えられるためである。

　なお、親権を有する実親が未成年者である場合には、実親の親権者が実親に代わって養子となるべき者に対して親権を行うことになるが（民法第 833 条）、実親の親権者は、特別養子縁組の成立によって直接的に自己の法律関係が変更するなどされるものではなく、また、「審判の結果により直接の影響を受けるもの又は当事者となる資格を有するもの」（家事事件手続法第 42 条第 2 項）にも該当しないことから、家事事件手続法第 42 条の規定によっても第 2 段階の手続に利害関係参加をすることはできない。

　（注）金子修編著『逐条解説　家事事件手続法』（商事法務、2013 年）137 頁

## 5　第 5 項関係（手続行為能力）

　本項は、二段階手続における第 2 段階の特別養子縁組の成立の審判事件の手続において、養親となるべき者並びに養子となるべき者及びその実親（第 2 段階の手続に参加することができる者）については、未成年者又は成年被後見人であっても法定代理人によらずに自ら手続行為をすることができ、また、被保佐人又は被補助人であっても保佐人若しくは保佐監督人又は補助人若しくは補助監督人の同意を得ずに、自ら手続行為をすることができる旨を

定めるものである。

　これは、特別養子縁組の成立が、養親となるべき者、養子となるべき者及びその実親の身分関係に影響を及ぼすものであることが考慮されたものである。

　ただし、本項の規定によっても、意思能力を有していない者が手続行為をすることができないことはいうまでもない。

　なお、改正前の家事事件手続法第164条第2項では、「養子となるべき者」については家事事件手続法第118条の規定は準用されていなかったが、これは、旧法下においては、養子となるべき者の年齢が例外的な場合でも8歳未満とされており（改正前の民法第817条の5）、一般的にそのような年齢では意思能力を有しているとはいえないからである。しかし、改正法は、養子となるべき者の原則的な年齢の上限を15歳未満にまで引き上げたため、養子となるべき者が意思能力を有することも十分に考えられるところであり、その場合には、自ら利害関係参加（家事事件手続法第42条）をして手続行為をすることができることとなる。

## 6　第6項関係（陳述の聴取）

　本項は、第2段階の特別養子縁組の成立の審判をするには養子となるべき者、養子となるべき者に対し親権を行う者（実親等を除く。）及び養子となるべき者の未成年後見人の意見を聴かなければならないことを定めるものである。

　これは、第2段階の審判が確定すると、養子となるべき者と養親となるべき者との間に親子関係が生ずるとともに、養子となるべき者と実親との間の親子関係が終了することとなり（民法第817条の9本文）、養子となるべき者の身分関係に大きな変動が生じることを考慮したものである。

　ただし、養子となるべき者については、親権喪失等の審判等と同様に（家事事件手続法第169条）、必要的な意見聴取の対象は養子となるべき者が15歳以上の場合に限っている。もっとも、養子となるべき者が15歳未満の場合にも、家庭裁判所は、養子となるべき者の年齢及び発達の程度に応じて、その意思を考慮しなければならない（同法第65条）。なお、改正法は、養子となるべき者が15歳以上であるか否かの基準時については、家事事件手続

法の同種の規定（同法第152条第2項、第157条第2項、第161条第3項第1号等）と同様に規定していないが、「家庭裁判所は、……審判をする場合には、……陳述を聴かなければならない。」という本項の文理上、審判時が基準時となるものと考えられる。

　なお、「養子となるべき者に対し親権を行う者」には、養子となるべき者が児童福祉施設に入所している場合の施設長（児童福祉法第47条）も含まれる。他方で、配偶者の嫡出子を養子とする場合における配偶者（実親）は、意見を述べる必要があれば、第2段階の手続に利害関係参加をするなどして意見を述べることができるため、本項による必要的な意見聴取の対象とはされていない。

## 7　第7項関係（第1段階の審判の拘束力）

　本項前段は、二段階手続における第2段階の特別養子縁組の成立の審判事件において、家庭裁判所は、第1段階の養親となるべき者の申立てによる特別養子適格の確認の審判及び児童相談所長の申立てによる特別養子適格の確認の審判に拘束されることを定めるものである。二段階手続の導入に伴い、第1段階の審判において、特別の事情要件及び同意要件が充足されていることが確認された場合には、第2段階の手続においては、それを前提として審判をしなければならないという趣旨である。

　本項後段は、第2段階の審判をする場合には、家庭裁判所は、第2段階の審判をする時に第1段階の審判をしたものとみなされることを定めるものである。民法第817条の2において、「家庭裁判所は、次条から第817条の7までに定める要件があるときは、……〔特別養子縁組〕を成立させることができる。」と規定されていることに照らせば、第1段階の審判において確認される特別の事情要件及び同意要件は、特別養子縁組の成立の時点で充足されている必要があるが、一旦はこれらの要件が充足されていると判断された場合であっても、その後に事情の変更があったときは、要件が充足されなくなることがあり得る。しかしながら、二段階手続は第2段階の審判ではこれらの要件を判断する必要がないこととしようとするものであるから、第1段階の審判においてこれらの要件が充足されていることが確認された場合には、その確認は第2段階の審判時においてされたものとみなすこととして、

第2段階の審判をする家庭裁判所は、第1段階の審判がされた後の事情変更を考慮することなく第2段階の審判をしなければならないこととしている。

　この結果、第2段階の手続においては、家庭裁判所は、養親子適合性要件のみを審理すればよいこととなる。

## 8　第8項関係（審判の告知）

　本項は、二段階手続における第2段階の特別養子縁組の成立の審判は、家事事件手続法第74条第1項の定める「当事者及び利害関係参加人並びにこれらの者以外の審判を受ける者」のほか、養子となるべき者に対し親権を行う者（実親等を除く。）及び養子となるべき者の未成年後見人に告知しなければならないことを定めるものである。

　養子となるべき者に対し親権を行う者（実親等を除く。）及び養子となるべき者の未成年後見人も、特別養子縁組の成立の審判に対する即時抗告をすることができることから（本条第14項）、即時抗告の機会を実質的に保障するため、その審判の告知がされるべきものとしたものである。

## 9　第9項関係（養子となるべき者に対する審判の告知についての特則）

　本項本文は、二段階手続における第1段階の特別養子適格の確認の審判の場合と同様に（家事事件手続法第164条の2第10項）、養子となるべき者の利益を害すると認められる場合には、その者に第2段階の特別養子縁組の成立の審判を告知しなくてもよいことを定めるものである。これは、第2段階の審判について、養子となるべき者は審判を受ける者として審判の告知を受けることとなるが、特別養子縁組の成立の事実については、養親において養子の心情に配慮した上で適切な時期に行うべき場合もあると考えられるからである。

　もっとも、本項ただし書は、第2段階の審判がされる時点で15歳に達している養子となるべき者については、その者の同意がなければ特別養子縁組を成立させることができないこととしていることを踏まえ（民法第817条の5第3項）、即時抗告の機会を実質的に保障するために、その者には第2段階の審判を必ず告知しなければならないこととしている。養子となるべき者が15歳以上であるか否かの基準時については、審判時において15歳に達して

いる者の即時抗告権を実質的に保障するという趣旨に照らし、審判時が基準時になるものと考えられる。

　なお、特別養子縁組の離縁の審判については、家庭裁判所は、養子の利益を害すると認めるときは、養子が15歳に達していても、養子に対して審判を告知しないことができる（家事事件手続法第165条第6項）。これは、特別養子縁組の離縁の審判は15歳以上の養子の意思に反してもすることができることから、即時抗告の機会を必ずしも保障しなければならないわけではないからであると考えられる。

## 10　第10項関係（実親に対する審判の告知）

　本項本文は、養子となるべき者の実親に対しては、二段階手続における第2段階の特別養子縁組の成立の審判を告知することを要しないことを定めるものである。

　これは、家事事件手続法第74条第1項によれば、第2段階の審判は、告知すべき当事者（申立人＝養親となるべき者）、利害関係参加人、審判を受ける者（養子となるべき者及びその実親）に告知しなければならないこととなるが、このうち、養子となるべき者の実親については、養親となるべき者において実親に本籍、住所等を知られたくないというニーズがある一方で、第2段階の審判についての即時抗告権がない実親には即時抗告の機会を保障する必要性がないことが考慮されたものである。

　もっとも、本項ただし書は、特別養子縁組が成立すると養子となるべき者と実親との法的な親子関係が終了すること（民法第817条の9本文）を考慮して、家庭裁判所は、審判日及び審判の主文については、住所又は居所の知れている実親に対して通知しなければならないこととしている。審判の主文は、旧法下における実務においても、「事件本人を申立人両名の特別養子とする。」といったように、養親の個人情報が記載されないものとなっており、改正法の施行後も、この点が変更されることはないものと考えられる。

## 11　第11項関係（特別養子適格の確認の審判と特別養子縁組の成立の審判とを同時にすること）

　本項前段は、養親となるべき者が、家事事件手続法第164条の2第3項の

規定に従って、第1段階の特別養子適格の確認の審判の申立てを第2段階の特別養子縁組の成立の審判の申立てと同時にした場合には、家庭裁判所は、第1段階の審判と第2段階の審判とを同時にすることができることを定めるものである。本条第2項の解説で述べたとおり、第1段階の審判を受けた者といえるためには同審判が確定していなければならないから、同項は、第1段階の審判が確定した後でなければ第2段階の審判をすることができないことを定めていることとなるため、本項は、本条第2項の例外を定める特別の規定であるということとなる。もっとも、第1段階の審判が確定していないにもかかわらず第2段階の審判が確定してしまうことを回避するため、本項後段において、第2段階の審判は第1段階の審判が確定するまでは確定しないことを定めている(注1)(注2)。

　このような特別の規定を設けたのは、旧法下の手続でも養親となるべき者の申立てにより特段の問題なく成立していたような縁組についても、全て第1段階の審判の確定を待って第2段階の審判をしなければならないとすると、手続に要する期間が長期化することを考慮して、そのような縁組については、旧法下におけるのと同様に、特別の事情要件及び同意要件と養親子適合性要件とを同時並行的に審理した上で第1段階の審判と第2段階の審判とを同時にすることを可能にするためである。これによって、第1段階の手続を先行させる必要がない事例においては、旧法下におけるのとほぼ同様の手続運用がされ、必要な事例についてのみ、第1段階の審判が確定した後に第2段階の手続が始められることになるものと考えられる。

　（注1）第1段階の審判と第2段階の審判とが同時にされた場合に、第1段階の審判が確定するよりも前に特別養子縁組が成立することを防ぐのであれば、第1段階の審判の確定前には、第2段階の審判は確定するが効力を生じないという規律とすることも考えられる。

　しかしながら、特別養子縁組については、戸籍法第68条の2において準用する同法第63条第1項により、縁組の成立の審判が確定したときは、養親は、審判が確定した日から10日以内に審判書の謄本を添付してその旨を届け出なければならないこととされていることから、第2段階の特別養子縁組の成立の審判が確定しているにもかかわらずその効力が生じていないという状況を発生させると、効力が生じていない特別養子縁組の成立についても届出をしなければならないこととともなりかねず、実務上混乱を招くおそれがあ

る。そこで、改正法は、第2段階の審判の確定時期と効力発生時期とが常に一致するような規律を採用したものである。

　（注2）なお、家事審判については、即時抗告により確定が遮断されるもの（家事事件手続法第74条第5項）、特別抗告又は許可抗告によって確定は妨げられない（金子修編著『逐条解説　家事事件手続法』（商事法務、2013年）246頁）。したがって、第1段階の審判と第2段階の審判とが同時にされた場合において、第1段階の審判に対してのみ即時抗告がされたときは、即時抗告の棄却決定がされると、その決定に対して特別抗告又は許可抗告がされても、即時抗告の棄却決定により第1段階の審判が確定し、同時に第2段階の審判も確定することになると考えられる。この確定した第1段階の審判が、特別抗告審又は許可抗告審において破棄された場合は、第1段階の審判は遡って確定していないことになるから、第2段階の審判も本項後段の規律により確定していないことになるものと考えられる。

　以上と異なり、第1段階の審判に対する即時抗告が棄却され、更に特別抗告又は許可抗告がされたものの第1段階の審判が即時抗告の棄却により確定し、本条第2項の原則どおり、その後に第2段階の審判がされて確定した場合において、その更に後に第1段階の確定審判が特別抗告審又は許可抗告審において破棄されたときは、第2段階の審判の確定に影響はなく、第2段階の審判について再審事由があるということになると考えられる（家事事件手続法第103条第3項、民事訴訟法第338条第1項第8号）。

## 12　第12項関係（同時審判後に第1段階の審判を取り消す裁判が確定した場合の取扱い）

　本項は、本条第11項前段の規定により、第1段階の審判と第2段階の審判とが同時にされたが、その後、上訴審において、第1段階の審判を取り消し第1段階の手続の申立てを却下する裁判がされて、その裁判が確定した場合には、第2段階の審判が確定する見込みがなくなることから（本条第11項後段）、家庭裁判所は職権で第2段階の審判を取り消さなければならないことを定めるものである。なお、この場合には、更に第2段階の手続の申立てを却下する審判がされることになると考えられる。

## 13　第13項関係（特別養子縁組の成立の審判の確定前に養子となるべき者が18歳に達した場合の取扱い）

　本項は、二段階手続における第2段階の特別養子縁組の成立の審判がされた後、その確定前に養子となるべき者が18歳に達した場合には、その審判は確定せず、家庭裁判所は、その審判を取り消さなければならないことを定

めるものである。

　民法第817条の5第1項後段は、養子となるべき者の年齢の上限として、養子となるべき者が第2段階の特別養子縁組の成立の審判の確定時において18歳未満でなければならないことを定めている。もっとも、審判の確定時期は、審判の告知を受ける者が審判書の送達を受ける時期や、上訴された場合には上訴審が終局する時期等、家庭裁判所において確実に予測することのできない時期によって左右されるため、家庭裁判所としては、養子となるべき者が18歳に達するまでに審判が確定するものとして審判をした場合であっても、その予測に反する事態が生じる可能性があることは否定し難い。そこで、改正法は、18歳に達した者を養子とする特別養子縁組の成立を防ぐために、本項の規律を設けたものである。なお、家庭裁判所は、本項の規定により第2段階の審判を取り消した場合には、更に第2段階の手続の申立てを却下する審判をすることになると考えられる。

## 14　第14項関係（即時抗告）

　本項第1号は、二段階手続における第2段階の特別養子縁組の成立の審判に対しては、養子となるべき者、養子となるべき者に対し親権を行う者（実親等を除く。）及び養子となるべき者の未成年後見人が即時抗告をすることができることを定めるものである。

　家庭裁判所は、本条第6項第1号及び家事事件手続法第65条により、養子となるべき者の意思を考慮した上で第2段階の審判をするが、養子となるべき者が審判の前後で心変わりした場合や、養子となるべき者は縁組に必ずしも乗り気ではなかったものの家庭裁判所が後見的な観点から縁組をあえて成立させたような場合には、養子となるべき者が特別養子縁組の成立の審判について即時抗告をすることがあり得ると考えられる。また、本項第1号は、養子となるべき者の代弁者として、養子となるべき者に対し親権を行う者（実親等を除く。）及び養子となるべき者の未成年後見人も、第2段階の審判に対して即時抗告をすることができることとしている。

　本項第2号は、第2段階の手続の申立てを却下する審判に対しては、申立人が自ら即時抗告をすることができることを定めるものである。

　なお、第2段階の手続においては、養子となるべき者は、意思能力を有し

ている場合には、自ら手続行為をすることができるから（本条第5項）、自ら
即時抗告もすることができる。これに対し、養子となるべき者に意思能力が
なく、かつ未成年後見人等がいない場合には、実際には、養子となるべき者
の側から即時抗告をすることができないといった事態が生ずることになる
が、これは、後見開始の審判に対して即時抗告をすることができる成年被後
見人となるべき者が意思能力を有しない場合と同様である（家事事件手続法
第123条第1項第1号）。

## 15　第15項関係（即時抗告期間の特則）

　本項は、15歳未満の養子となるべき者による第2段階の特別養子縁組の
成立の審判に対する即時抗告の期間について、家事事件手続法第86条第2
項の「特別の定め」として、養子となるべき者以外の者が審判の告知を受け
た日（2以上あるときは、当該日のうち最も遅い日）から進行することを定め
るものである。

　即時抗告の期間は、即時抗告権者のそれぞれが審判の告知を受けた日から
進行するのが原則であるが、15歳未満の養子となるべき者は、特別養子縁
組の成立の審判の告知を受けない場合がある（本条第9項本文）ことから、
養子となるべき者による同審判に対する即時抗告の期間を養子となるべき者
が審判の告知を受けた日から進行するものとすることはできない。また、15
歳未満の養子となるべき者のうち、審判の告知を受けたものと審判の告知を
受けなかったものとで異なる起算点を設けることとすると、不公平な結果と
なる場合も生じ得る。さらに、養子となるべき者に告知がされた場合であっ
ても、養子となるべき者が幼いときには、後になって告知を受ける能力を有
していたか否かをめぐり紛争が生ずることへの懸念がある。そこで、改正法
は、これらの観点を踏まえ、できる限り即時抗告期間を実質的に確保するこ
とができるように配慮して、15歳未満の養子となるべき者の即時抗告期間
は、養子となるべき者が審判の告知を受けたか否かにかかわらず、養子とな
るべき者以外の者が審判の告知を受けた日（2以上あるときは、当該日のうち
最も遅い日）から進行するものとしたものである。

　これに対し、養子となるべき者が15歳に達している場合には、養子とな
るべき者は常に審判の告知を受けることとなるため（本条第9項ただし書）、

原則どおり家事事件手続法第86条第2項に従って、養子となるべき者による即時抗告の期間は、養子となるべき者が審判の告知を受けた日から進行する。

# 新家事事件手続法第164条の2

（特別養子適格の確認の審判事件）
第164条の2　家庭裁判所は、養親となるべき者の申立てにより、その者と養子となるべき者との間における縁組について、特別養子適格の確認の審判をすることができる。ただし、養子となるべき者の出生の日から二箇月を経過する日まで及び養子となるべき者が十八歳に達した日以後は、この限りでない。

2　特別養子適格の確認の審判事件は、養親となるべき者の住所地を管轄する家庭裁判所の管轄に属する。

3　特別養子適格の確認の申立ては、特別養子縁組の成立の申立てと同時にしなければならない。

4　第百十八条の規定は、特別養子適格の確認の審判事件における養親となるべき者並びに養子となるべき者及び養子となるべき者の父母について準用する。

5　民法第八百十七条の六本文の同意は、次の各号のいずれにも該当する場合には、撤回することができない。ただし、その同意をした日から二週間を経過する日までは、この限りでない。
　一　養子となるべき者の出生の日から二箇月を経過した後にされたものであること。
　二　次のいずれかに該当するものであること。
　　イ　家庭裁判所調査官による事実の調査を経た上で家庭裁判所に書面を提出してされたものであること。
　　ロ　審問の期日においてされたものであること。

6　家庭裁判所は、特別養子適格の確認の審判をする場合には、次に掲げる者の陳述を聴かなければならない。この場合において、第二号に掲げる者の同意がないにもかかわらずその審判をするときは、その者の陳述の聴取は、審問の期日においてしなければならない。
　一　養子となるべき者（十五歳以上のものに限る。）
　二　養子となるべき者の父母
　三　養子となるべき者に対し親権を行う者（前号に掲げる者を除く。）及び養子となるべき者の未成年後見人
　四　養子となるべき者の父母に対し親権を行う者及び養子となるべき者の父母の後見人

7　家庭裁判所は、特別養子縁組の成立の申立てを却下する審判が確定したとき、又は特別養子縁組の成立の申立てが取り下げられたときは、当該申立て

をした者の申立てに係る特別養子適格の確認の申立てを却下しなければなら
ない。
8 家庭裁判所は、特別養子適格の確認の申立てを却下する審判をする場合に
は、第六項第二号及び第三号に掲げる者の陳述を聴かなければならない。
9 特別養子適格の確認の審判は、第七十四条第一項に規定する者のほか、第
六項第三号及び第四号に掲げる者に告知しなければならない。
10 特別養子適格の確認の審判は、養子となるべき者の年齢及び発達の程度そ
の他一切の事情を考慮してその者の利益を害すると認める場合には、その者
に告知することを要しない。
11 家庭裁判所は、特別養子適格の確認の審判をする場合において、第六項第
二号に掲げる者を特定することができないときは、同号及び同項第四号に掲
げる者の陳述を聴くこと並びにこれらの者にその審判を告知することを要し
ない。
12 次の各号に掲げる審判に対しては、当該各号に定める者は、即時抗告をす
ることができる。
　一 特別養子適格の確認の審判　養子となるべき者及び第六項第二号から第
　　四号までに掲げる者
　二 特別養子適格の確認の申立てを却下する審判　申立人
13 養子となるべき者による特別養子適格の確認の審判に対する即時抗告の期
間は、養子となるべき者以外の者が審判の告知を受けた日（二以上あるとき
は、当該日のうち最も遅い日）から進行する。
14 特別養子縁組の成立の申立てを却下する審判が確定したとき、又は特別養
子縁組の成立の申立てが取り下げられたときは、当該申立てをした者の申立
てによる特別養子適格の確認の審判は、その効力を失う。

　本条は、養親となるべき者の申立てによる第1段階の特別養子適格の確認
の審判事件に係る規律を定めるものである。
　なお、家事事件手続法第39条によれば、家庭裁判所の審判事項は「別表
第1及び別表第2に掲げる事項並びに同編に定める事項」とされている。別
表に掲げる事項となるかどうかの振り分けは、民法その他の実体法に根拠を
有するかどうかが基準となる[注]。第1段階の特別養子適格の確認の審判
は、民法等の実体法に根拠を有するものではなく、改正法が家事事件手続法
に新たに創設したものであるため、改正法は、同審判を別表に掲げることな
く、家事事件手続法第39条の「同編に定める事項」を対象とする審判とし
ている。「同編に定める事項」に該当するものの例としては、①管理人の改

任（同法第 146 条第 1 項）、②財産の管理に関する処分の取消し（同法第 147 条）及び③遺産分割禁止の審判の取消し又は変更（同法第 197 条）などがある。

（注）金子修編著『逐条解説　家事事件手続法』（商事法務、2013 年）122 頁

## 1　第 1 項関係（特別養子適格の確認の審判の要件）

　本項は、第 1 段階の特別養子適格の確認の審判において確認される特別養子縁組の成立要件を定めるものである。

### (1)　請求権者

　第 1 段階の特別養子適格の確認の審判は、第 2 段階の特別養子縁組の成立の審判事件の申立人（養親となるべき者）の申立てによりすることができる。

　第 1 段階の手続においては、養親候補者の適格性は考慮されず、専ら実親による養子となるべき者の監護等に関する特別の事情要件及び同意要件のみが審理の対象となる。したがって、論理的には、第 1 段階の手続は、何人でも申立てをすることができることとすることも考えられる。しかしながら、第 1 段階の審判は、特別養子縁組の成立に向けた準備段階における中間的な審判という側面を有する。そうすると、むやみにそのような中間的な審判をすることは養子となるべき者の利益に反するものと考えられるから、第 1 段階の審判は、特別養子縁組の成立に向けた活動をすることを期待することができる者の申立てによる場合に限ってするものとすることが相当である。このような観点から、本項は、第 1 段階の手続の申立権者を養親となるべき者に限定している。

　養親となるべき者が第 1 段階の手続の申立てをする場合には、当該申立ては、当該養親となるべき者自身が養親となることを前提としたものであり、裁判所もこれを前提に、当該養親となるべき者との関係で、養子となるべき者が特別養子適格を有することの確認の審判をすることになる。

　なお、改正法は、第 1 段階の手続については、養親となるべき者が夫婦共同で申立てをしなければならないとする規律を設けていない。もっとも、同法は、第 2 段階の審判事件における養子となるべき者は、同事件の申立人の申立てによって第 1 段階の審判を受けた者でなければならないこととしてお

り（家事事件手続法第164条第2項）、特別養子縁組は夫婦の一方の子の嫡出子を養子とするときを除いて夫婦共同縁組が求められるため（民法第817条の3第2項本文）、第2段階の手続の申立ては原則として夫婦共同でしなければならないことからすれば、第1段階の手続の申立てについても、原則として、夫婦共同でしなければならないものと考えられる。

### (2)　実親の同意の性質

　実親の同意については、養親候補者を特定せずにする同意（いわゆる白地同意）と養親候補者を特定してする同意の両者があり得ることから、養親となるべき者が申立てを行った第1段階の手続において、いかなる同意があれば第1段階の審判をすることが許されるかについて整理しておく必要があると考えられる。

　そこで検討すると、養親となるべき者は、自分との縁組の成立を目的として第1段階の手続の申立てをするものであり、申立ての趣旨は、当該養親となるべき者との関係での第1段階の審判を求めるものであるといえる。そうすると、特別養子適格の確認の要件としての実親の同意についても、当該養親となるべき者が養親となることについて同意するものである必要があると考えられる（ただし、白地同意は、当該養親となるべき者が養親となることについて同意する趣旨を含んでいるから、このような同意に当たるものと考えられる。）。

### (3)　審判をすることができる時期

　本項は、第1段階の審判は、まず、養子となるべき者の出生の日から2か月を経過した後でなければすることができないこととしている。これは、実親のうちでも特に実母は、出産後一定期間は精神的及び肉体的に不安定であることから、出産後2か月間は子の特別養子縁組の成立についての同意という重大な判断をさせるべきではないと考えられること、仮に出産直後には同意不要事由（民法第817条の6ただし書）があったとしても、それは出産後の不安定な精神状態による一時的なものである可能性があること、さらに、第1段階の審判が確定した後には、実親は特別養子縁組の成立を阻止することができなくなることが考慮されたものである[(注)]。

　また、本項は、第1段階の審判は、養子となるべき者が18歳に達した日まででなければすることができないこととしている。これは、改正法の下では、特別養子縁組は養子となるべき者が18歳未満でなければ成立しないものであるから（民法第817条の5第1項後段）、養子となるべき者が第1段階の審判時において18歳に達している場合には、特別養子縁組の成立の余地がないためである。

　（注）本条第5項第1号は、撤回が制限される同意について、養子となるべき者の出生の日から2か月を経過した後にされたものでなければならないと規定している。もっとも、同項は、飽くまで撤回が制限される同意の要件を規定するものであるため、実親が養子となるべき者の出生の日から2か月以内にした同意も、その撤回は制限されないものの、同意としては有効である。そうすると、仮に第1段階の審判の時期に関して何らの制限を設けなかった場合には、家庭裁判所は、撤回が制限されない同意に基づき、又は同意不要事由が存在するとの認定に基づき、養子となるべき者の出生直後に第1段階の審判をすることができることとなってしまう。実親のうち特に母親については、本文にも記載したとおり、出産直後は精神的・肉体的に不安定であるから、養子となるべき者を出産してから一定期間は、実親において特別養子縁組の成立を阻止することができない状態にしないようにすることが相当であり、そのために、第1段階の審判については、養子となるべき者の出生の日から2か月を経過した後でなければすることができないこととする規律を設ける必要がある。

　なお、このような規律を設けても、別途、撤回が制限される同意については、養子となるべき者の出生の日から2か月を経過した後にされたものでなければならないという規律（本条第5項第1号）は必要である。なぜなら、第1段階の審判は養子となるべき者の出生の日から2か月間はされないとしていても、養子となるべき者の出産直後で精神的・肉体的に不安定な時期にした同意が2週間経過後に撤回することができなくなってしまうとすることは、相当でないと考えられるからである。

## 2　第2項関係（管轄）

　本項は、二段階手続における第1段階の特別養子適格の確認の審判事件は、申立人、すなわち養親となるべき者の住所地を管轄する家庭裁判所の管轄に属することを定めるものである。第1段階の審判は、特別養子縁組の成立に向けた準備段階における中間的な審判という側面を有することから、第2段階の特別養子縁組の成立の審判事件を管轄する家庭裁判所（家事事件手続法第164条第1項）と同じ家庭裁判所の管轄に属することとすることが相

当であると考えられたものである。

## 3　第3項関係（第2段階の手続の申立てを同時にしなければならないこと）

　本項は、養親となるべき者が二段階手続における第1段階の手続の申立てをするときは、第2段階の手続の申立てを同時にしなければならないことを定めるものである。

　第1段階の審判は、特別養子縁組の成立に向けた準備段階における中間的な審判という側面を有するから、特別養子縁組の成立に向けた活動をすることを期待することができる者の申立てによる場合に限ってするものとすることが相当である。本項は、この観点から、第2段階の手続の申立てをする意思を欠く者が第1段階の手続の申立てをすることを防止しようとするものである。

　これに対し、第2段階の手続の申立てについては、児童相談所長の申立てによる第1段階の審判を前提としてされることもあるから、改正法は、第2段階の手続の申立ては常に第1段階の手続の申立てと同時にしなければならないこととする規律は設けていない。

## 4　第4項関係（手続行為能力）

　本項は、第1段階の特別養子適格の確認の審判事件の手続において、養親となるべき者、養子となるべき者及びその実親については、未成年者又は成年被後見人であっても法定代理人によらずに自ら手続行為をすることができ、また、被保佐人又は被補助人であっても保佐人若しくは保佐監督人又は補助人若しくは補助監督人の同意を得ずに自ら手続行為をすることができることを定めるものである。

　これは、特別養子縁組が、養親となるべき者、養子となるべき者及びその実親の身分関係に変動を生じさせるものであることが考慮されたものである。

　本項によっても、意思能力を有していない者が手続行為をすることができないことはいうまでもない。

## 5　第5項関係（実親の同意の撤回制限）

本項は、撤回制限が課せられる実親の同意について定めるものである。

本項は、本項に定める方式によらない同意の有効性を否定するものではなく、そのような同意は、第1段階の特別養子適格の確認の審判が確定するまで撤回することが可能である。

### (1)　撤回が制限される同意の時期

本項第1号は、養子となるべき者の出生の日から2か月を経過した後にされた同意についてのみ撤回が制限されることを定めるものである。

これは、実親、特に実母は子の出産の後一定期間は精神的・肉体的に不安定であることがあるため、その時期にされた同意を撤回することができないこととするのは相当でないことが考慮されたものである。

この点について、旧法は、同意の時期について特段の制限をしていなかったが、これは、旧法下では、実親は、一旦同意をしても特別養子縁組の成立の審判の確定までは自由にそれを撤回することができ、審判までに6か月以上の試験養育期間が必要であることから（民法第817条の8）、最短でも出産から6か月は同意を撤回することができる仕組みとなっていたためであると考えられる。

### (2)　撤回が制限される同意の方式

特別養子縁組が成立すると実親と養子となるべき者との間の法的な親子関係が終了する（民法第817条の9本文）という効果の重大性に鑑みると、実親がその効果を理解した上で、縁組の成立について真摯に同意をしていることを制度的に担保する必要がある。そこで、本項第2号は、実親が、家庭裁判所調査官による事実の調査を経た上で書面により同意をした場合又は審問期日において同意をした場合に限って、その同意の撤回が制限されることとしている。

### (3)　同意を撤回することができる期間

同意を撤回することができる期間は、同意をした日から2週間である。

これは、家事事件手続法における合意に相当する審判や、調停に代わる審

判についても、異議の申立てをすることができる期間が2週間とされていることが参考にされたものである。同意の存在を早期に確定することによって、養親となるべき者による試験養育の開始時期をも早めることで手続を迅速に進行させたり、養親となるべき者による試験養育期間中の不安を軽減したりすることができ、これにより、特別養子制度の利用が促進されるものと考えられる。

## 6　第6項関係（陳述の聴取）

　本項は、家庭裁判所は、第1段階の特別養子適格の確認の審判をするためには、①養子となるべき者（15歳以上の者に限る。）、②養子となるべき者の実親、③養子となるべき者に対して親権を行う者及び養子となるべき者の未成年後見人、④養子となるべき者の実親に対して親権を行う者及び養子となるべき者の実親の後見人の陳述を聴かなければならないことを定めるものである。

　上記①は、第1段階の審判が確定した場合には、養子となるべき者について特別養子縁組の成立に向けた試験養育が行われる等、養子となるべき者の養育環境に大きな影響が生ずることを考慮して、養子となるべき者の陳述を聴かなければならないこととしたものである。ただし、親権喪失等の審判においても、15歳以上の子についてのみ陳述の聴取を必要的としていることを考慮して（家事事件手続法第169条）、本項でも、必要的な陳述の聴取は養子となるべき者が15歳以上である場合に限っている。一方で、養子となるべき者が15歳未満の場合にも、家庭裁判所は、養子となるべき者の年齢及び発達の程度に応じて、その意思を考慮しなければならない（同法第65条）。なお、養子となるべき者が15歳以上であるか否かの基準時について、改正法は家事事件手続法の同種の規定（同法第152条第2項、第157条第2項、第161条第3項第1号等）と同様に規定していないが、「家庭裁判所は、……審判をする場合には、……陳述を聴かなければならない。」という本項の文理上、審判時が基準時となるものと考えられる。

　上記②は、養子となるべき者の実親が、第2段階の特別養子縁組の成立の手続への関与を制限されていることから（家事事件手続法第164条第3項、第4項）、第1段階の審判が確定すると特別養子縁組の成立を阻止することが

できなくなり、縁組が成立すると、養子となるべき者の法律上の親としての
地位を失うことになるため（民法第817条の9本文）、手続保障の観点から、
その審判をする前に実親の陳述を聴かなければならないこととしたものであ
る。なお、本項は、実親の同意がないにもかかわらず第1段階の審判をする
場合には、この陳述の聴取は審問期日でしなければならないこととしてい
る。これは、実親の同意がないにもかかわらず養子となるべき者との間の法
的な親子関係を終了させる以上は、実親に、裁判官の面前において口頭で陳
述する機会を保障する必要があること、家庭裁判所としても同意がないこと
及びその理由等について実親の陳述を直接聴取することが相当であることが
考慮されたものであり、改正前の家事事件手続法第164条第3項と同趣旨の
規律である。

　上記③について、養子となるべき者に対して親権を行う者としては、養子
となるべき者が児童福祉施設に入所している場合の施設長（児童福祉法第47
条）等がある。これらの者や未成年後見人は、養子となるべき者の代弁者と
しての地位にあることから、これらの者の陳述を聴取することが相当である
ことが考慮されたものである。

　上記④について、養子となるべき者の実親に対して親権を行う者として
は、例えば、養子となるべき者を認知した未成年の父親（非親権者）の父母
等がある。特別養子縁組が成立すると、実親は養子となるべき者の法律上の
親としての地位を失うことになるから（民法第817条の9本文）、実親の代弁
者としての地位にある者についても、陳述を聴取することが相当であること
が考慮されたものである。

## 7　第7項関係（特別養子縁組の成立の審判の申立てが却下された場合等の特別養子適格の確認の審判の申立ての取扱い）

　本項は、養親となるべき者が、第1段階の特別養子適格の確認の審判の申
立てをしている場合には第2段階の特別養子縁組の成立の審判の申立てもし
ていることを前提として（本条第3項）、同人が養親としての適格性を有しな
いことを理由に第2段階の手続の申立てが却下されたとき及び第2段階の手
続の申立てが取り下げられたときには、家庭裁判所は、第1段階の手続の申
立てを却下しなければならない旨を定めるものである。

　改正法が第1段階の手続の申立権者を第2段階の手続の申立てをしている者に限定している（本条第3項）趣旨は、第1段階の審判が特別養子縁組の成立に向けた中間的な審判という性質を有することに鑑み、同審判の申立人を、特別養子縁組の成立に向けて責任を持って活動することを期待することができる者に限定する点にある。そうすると、養親となるべき者が第1段階の手続の申立て及び第2段階の手続の申立てをいずれもしている場合において、第2段階の手続の申立てが却下されたとき及び第2段階の手続の申立てが取り下げられたときは、もはや当該養親となるべき者にこのような役割を期待することはできないことから、第1段階の手続の申立ても却下しなければならないこととしたものである。

## 8　第8項関係（特別養子適格の確認の審判の申立てを却下する審判と陳述の聴取）

　本項は、第1段階の特別養子適格の確認の審判の申立てを却下する審判をする場合には、養子となるべき者の代弁者としての地位にある者の陳述を聴かなければならないことを定めるものである。

　これは、特別養子縁組は養子となるべき者の利益になるものであることから、養子となるべき者の手続保障を図ろうとするものである。

　養子となるべき者の代弁者の地位にある者には、養子となるべき者の親権者である実親や、親権者である実親が未成年である場合にはその者の親権者が含まれるが、養子となるべき者の親権を有しない実親やその者の親権者は含まれない。

## 9　第9項関係（審判の告知）

　本項は、家庭裁判所が第1段階の特別養子適格の確認の審判をした場合には、家事事件手続法第74条第1項の規定により告知すべき当事者（申立人）、利害関係参加人及び審判を受ける者（養子となるべき者及びその実親）[注]に告知することに加えて、①養子となるべき者に対して親権を行う者及び養子となるべき者の未成年後見人、②養子となるべき者の実親に対して親権を行う者及び養子となるべき者の実親の後見人にも告知しなければならないことを定めるものである。

　これは、第 1 段階の審判が、養子となるべき者及びその実親の法的地位に変動を生じさせるものであることからすると、これらの者の手続保障の観点から、これらの者の代弁者としての地位にある者にもその審判を告知することが相当であることが考慮されたものである。

　（注）「審判を受ける者」とは、申立てを却下する裁判以外の審判がされた場合に、当該審判により、その者の法律関係が創設、消滅又は変更されることとなる者をいうが（金子修編著『逐条解説　家事事件手続法』（商事法務、2013 年）137 頁）、実親は、第 1 段階の審判の確定により、養子となるべき者の特別養子縁組の成立に係る手続に関与することができる地位を失うこととなるから、「審判を受ける者」に該当する。

## 10　第 10 項関係（養子となるべき者に対する審判の告知）

　本項は、第 1 段階の特別養子適格の確認の審判は、原則として養子となるべき者に告知しなければならないものとした上で、その者の年齢及び発達の程度その他一切の事情を考慮して、その者の利益を害すると認める場合には、告知することを要しないことを定めるものである。

　養子となるべき者は、第 1 段階の審判によって一定の要件の該当性を確認される者であるから、「審判を受ける者」に該当する。したがって、原則として、第 1 段階の審判は、養子となるべき者に告知しなければならない（家事事件手続法第 74 条第 1 項）。もっとも、養子となるべき者は、意思能力を有しないような乳幼児である場合等そもそも審判を告知する意味に乏しい場合がある。また、養子となるべき者が幼児期に性的虐待を受けていた場合において、その者がその事実を認識していないとき等、審判を告知することがその者の利益を害することとなる場合も考えられる。そこで、改正法は、養子となるべき者には、原則として審判を告知しなければならないこととした上で、その例外を定めることにしたものである。

　この点について、改正法は、第 2 段階の特別養子縁組の成立の審判については、養子となるべき者が 15 歳以上である場合には、必ず告知しなければならないこととしているが（家事事件手続法第 164 条第 9 項ただし書）、第 1 段階の審判については、養子となるべき者が 15 歳以上であっても、告知しないことができることとしている。これは、第 2 段階の審判は、養子となるべ

き者が 15 歳以上である場合にはその同意がなければすることができないこ
とから（民法第 817 条の 5 第 3 項）、常に養子となるべき者に即時抗告の機会
を実質的に保障する必要があるのに対し、中間的な審判である第 1 段階の審
判は、養子となるべき者が 15 歳以上である場合であってもその意思に反し
てもすることができるため、即時抗告の機会を実質的に保障する必要がない
からである。このようにすることで、第 1 段階の審判の審判書に、実親によ
る虐待の態様や実親が養子となるべき者を監護することのできない事情等、
養子となるべき者に閲覧させることが必ずしも適切でない事項が記載されて
いる場合には、養子となるべき者に当該審判書を閲覧させないでおくことも
できるようになる。

## 11　第 11 項関係（養子となるべき者の実親を特定することができない　場合の特則）

　本項は、養子となるべき者の実親の陳述の聴取及び審判の告知がいずれも
不要である場合について定めるものである。
　特別養子縁組が検討される一つの典型例として、養子となるべき者の実親
を特定することができないという場合があり、このような場合にも特別養子
縁組を成立させることができるようにしておく必要があることが考慮された
ものである。
　なお、養子となるべき者の実親を「特定することができないとき」とは、
父母それぞれについて判断され、実親のうちに特定することができる者と特
定することができない者とがいる場合には、特定することができる者につい
ては陳述の聴取及び審判の告知が必要であり、特定することができない者に
ついてはこれらが不要となる(注)。

　（注）なお、改正前の家事事件手続法第 164 条第 7 項は、「養子となるべき者の父母が知
れないとき」に陳述の聴取及び審判の告知を不要としていたが、「養子となるべき者の父
母が知れないとき」とは、いわゆる棄児の場合であり、単に実親の所在が不明であるよう
な場合は含まれないものと解されていた。本項は、その趣旨を明確にするために、「養子
となるべき者の父母を特定することができないとき」としたものであり、実親が所在不明
の場合で、家庭裁判所調査官による調査によってもその所在が判明しなかった場合には、
審判期日を指定して、公示送達の方法による呼出しを行い、陳述の機会を保障すること

なると考えられる。

## 12　第 12 項関係（即時抗告）

本項第 1 号は、第 1 段階の特別養子適格の確認の審判については、①養子となるべき者、②養子となるべき者の実親、③養子となるべき者に対して親権を行う者及び養子となるべき者の未成年後見人並びに④養子となるべき者の実親に対して親権を行う者及び養子となるべき者の実親の後見人が即時抗告をすることができることを定めるものである。これは、第 1 段階の審判が、養子となるべき者及びその実親の法的地位に変動を生じさせることを考慮して、その手続保障の観点から、①養子となるべき者及び②その実親だけでなく、③養子となるべき者の代弁者としての地位にある者、さらに、④養子となるべき者の実親の代弁者としての地位にある者にも即時抗告権を認めたものである。

他方で、本項第 2 号は、第 1 段階の手続の申立てを却下する審判に対しては、申立人が自ら即時抗告をすることができることを定めるものである。

## 13　第 13 項関係（即時抗告期間の特則）

本項は、養子となるべき者による第 1 段階の特別養子適格の確認の審判に対する即時抗告の期間について、家事事件手続法第 86 条第 2 項の「特別の定め」として、養子となるべき者以外の者が審判の告知を受けた日（2 以上あるときは、当該日のうち最も遅い日）から進行する旨を定めるものである。

その趣旨は、新家事事件手続法第 164 条第 15 項の解説で述べたところと同様である。

## 14　第 14 項関係（第 1 段階の審判が効力を失う場合）

本項は、第 2 段階の特別養子縁組の成立の審判の申立てを却下する審判が確定したとき、又は同申立てが取り下げられたときは、既にされた第 1 段階の特別養子適格の確認の審判は、効力を失うことを定めるものである。

第 1 段階の審判は、特別養子縁組の成立に向けた準備段階における中間的な審判という側面を有するものであること、また、養親となるべき者の申立てにより第 1 段階の審判がされても、当該養親となるべき者の申立てによる

第2段階の審判がされる見込みがなくなった場合には、その第1段階の審判は、他の養親候補者がそれを前提に第2段階の手続の申立てをすることができないものであることから、その効力を維持させておく必要はないということが考慮されたものである。

# 新家事事件手続法第 234 条

> **（管轄）**
> 第 234 条　都道府県の措置についての承認の審判事件（別表第一の百二十七の
> 項の事項についての審判事件をいう。次条において同じ。）、都道府県の措置
> の期間の更新についての承認の審判事件（同表の百二十八の項の事項につい
> ての審判事件をいう。同条において同じ。）、児童相談所長又は都道府県知事
> の引き続いての一時保護についての承認の審判事件（同表の百二十八の二の
> 項の事項についての審判事件をいう。同条において同じ。）及び児童相談所
> 長の申立てによる特別養子適格の確認の審判事件（同表の百二十八の三の項
> の事項についての審判事件をいう。以下この節において同じ。）は、児童の
> 住所地を管轄する家庭裁判所の管轄に属する。

　本条は、改正法の施行前は、都道府県の措置についての承認の審判事件
（家事事件手続法別表第 1 の 127 の項の事項についての審判事件）等について
は、児童の住所地を管轄する家庭裁判所の管轄に属することを定めるもので
あった。

　改正法により創設された児童相談所長の申立てによる特別養子適格の確認
の審判事件についても、上記のような事件と同様、児童の住所地を管轄する
家庭裁判所の管轄に属するものとすることが相当であると考えられるため、
同法は、児童相談所長の申立てによる特別養子適格の確認の審判事件も本条
に加えたものである。

## 新家事事件手続法第235条

> **（手続行為能力）**
>
> 第235条　第百十八条の規定は、都道府県の措置についての承認の審判事件、都道府県の措置の期間の更新についての承認の審判事件及び児童相談所長又は都道府県知事の引き続いての一時保護についての承認の審判事件における児童を現に監護する者、児童に対し親権を行う者、児童の未成年後見人及び児童並びに児童相談所長の申立てによる特別養子適格の確認の審判事件における児童及びその父母について準用する。

　本条は、改正法の施行前は、都道府県の措置についての承認の審判事件等における児童を現に監護する者、児童に対し親権を行う者等は、成年被後見人等であっても法定代理人によらずに自ら手続行為をすることができ、また、被保佐人又は被補助人であっても保佐人若しくは保佐監督人又は補助人若しくは補助監督人の同意を得ずに自ら手続行為をすることができることを定めるものであった。もっとも、意思能力を有していない者は手続行為をすることができない。

　改正法により創設された児童相談所長の申立てによる特別養子適格の確認の審判事件においても、児童及びその実親については、特別養子縁組が児童及びその実親の身分関係に影響を及ぼすものであることからすると、未成年者又は成年被後見人であっても法定代理人によらずに自ら手続行為をすることができ、また、被保佐人又は被補助人であっても保佐人若しくは保佐監督人又は補助人若しくは補助監督人の同意を得ずに自ら手続行為をすることとすることが相当である。

　そのため、改正法は、児童相談所長の申立てによる特別養子適格の確認の審判事件における児童及びその実親についても、本条に加えることとしたものである。

# 新家事事件手続法第 236 条

---

**（陳述及び意見の聴取）**

第 236 条　家庭裁判所は、都道府県の措置についての承認、都道府県の措置の
　　期間の更新についての承認又は児童相談所長若しくは都道府県知事の引き続
　　いての一時保護についての承認の申立てについての審判をする場合には、申
　　立てが不適法であるとき又は申立てに理由がないことが明らかなときを除
　　き、前条に規定する者（児童にあっては、十五歳以上のものに限る。）の陳
　　述を聴かなければならない。

2　前項の場合において、家庭裁判所は、申立人に対し、児童を現に監護する
　　者、児童に対し親権を行う者及び児童の未成年後見人の陳述に関する意見を
　　求めることができる。

3　第百六十四条の二第六項及び第八項の規定は、児童相談所長の申立てによ
　　る特別養子適格の確認の審判事件について準用する。

---

　本条は、改正法の施行前は、都道府県の措置についての承認の審判事件等に
ついて、家庭裁判所が審判をする場合には、児童等の陳述を聴かなければ
ならないことを定めるものであった。

　改正法により創設された児童相談所長の申立てによる特別養子適格の確認
の審判事件も、その審判が確定すると、第2段階の特別養子縁組の成立の審
判の申立てがされ、養親となるべき者と養子となるべき者（児童）との養親
子適合性要件が充足されていると認められれば特別養子縁組が成立すること
になるという点で、児童及びその実親の身分関係に影響を及ぼすこととな
る。この点は、養親となるべき者が特別養子適格の確認の審判の申立てをし
た場合と全く同様である。このため、本条第3項は、まず、養親となるべき
者の申立てによる特別養子適格の確認の審判をする場合の陳述の聴取に関す
る規定である家事事件手続法第164条の2第6項を準用することとしてい
る。これにより、児童相談所長の申立てによる特別養子適格の確認の審判を
する場合には、①児童（15歳以上の者に限る。）、②児童の実親、③児童に対
して親権を行う者及び児童の未成年後見人並びに④児童の実親に対して親権
を行う者及び児童の実親の後見人の陳述を聴かなければならないこととなる。

　次に、児童相談所長の申立てによる特別養子適格の確認の審判事件におい
ても、その審判を前提として成立し得る特別養子縁組が児童の利益になるも

のである点は、養親となるべき者が特別養子適格の確認の審判の申立てをした場合と全く同様である。このため、本条第3項は、養親となるべき者による特別養子適格の確認の審判の申立てを却下する場合の陳述の聴取に関する規定である家事事件手続法第164条の2第8項を準用することとしている。これにより、児童相談所長による特別養子適格の確認の審判の申立てを却下する場合には、児童の代弁者としての地位にある者の陳述を聴かなければならないこととなる。児童の代弁者としての地位にある者に、児童の親権者である実親や、親権者である実親が未成年である場合にはその者の親権者が含まれることは、改正前の家事事件手続法第164条第4項と同様である。

# 新家事事件手続法第 237 条

（審判の告知）

第 237 条　都道府県の措置についての承認、都道府県の措置の期間の更新につ
いての承認又は児童相談所長若しくは都道府県知事の引き続いての一時保護
についての承認の審判は、第七十四条第一項に規定する者のほか、児童を現
に監護する者、児童に対し親権を行う者及び児童の未成年後見人に告知しな
ければならない。

2　第百六十四条の二第九項から第十一項までの規定は、児童相談所長の申立
てによる特別養子適格の確認の審判事件について準用する。

本条第 1 項は、都道府県の措置についての承認の審判事件等における審判
の告知について定めるものである。

改正法により創設された児童相談所長の申立てによる特別養子適格の確認
の審判も、養子となるべき者（児童）及びその実親の法的地位に変動を生じ
させるものであることは、養親となるべき者の申立てによる特別養子適格の
確認の審判と全く同様である。そのため、本条第 2 項は、まず、養親となる
べき者の申立てによる特別養子適格の確認の審判の告知に関する規定である
家事事件手続法第 164 条の 2 第 9 項を準用することとしている。これによ
り、児童相談所長の申立てによる特別養子適格の確認の審判は、同法第 74
条第 1 項の規定により告知すべき当事者（申立人）、利害関係参加人及び審
判を受ける者（児童及びその実親）に告知することに加えて、①児童に対し
て親権を行う者及び児童の未成年後見人、②児童の実親に対して親権を行う
者及び児童の実親の後見人にも告知しなければならないこととなる。

また、児童相談所長の申立てによる特別養子適格の確認の審判の児童に対
する告知の在り方については、養親となるべき者の申立てによる特別養子適
格の確認の審判と異なる規律とすべき必要性も許容性もないと考えられる。
そのため、本条第 2 項は、養親となるべき者の申立てによる特別養子適格の
確認の審判の養子となるべき者への告知に関する規定である家事事件手続法
第 164 条の 2 第 10 項を準用することとしている。これにより、児童相談所
長の申立てによる特別養子適格の確認の審判は、原則として児童に告知しな
ければならないが、その者の年齢及び発達の程度その他一切の事情を考慮し
て、その者の利益を害すると認める場合には、告知することを要しないこと

となる。

　さらに、児童相談所長の申立てによる特別養子適格の確認の審判事件においても、児童の実親を特定することができないという場合があり、このような場合にも特別養子縁組を成立させることができるようにしておく必要があることは、養親となるべき者の申立てによる特別養子適格の確認の審判事件と全く同様である。そのため、本条第2項は、養親となるべき者の申立てによる特別養子適格の確認の審判事件について、実親を特定することができない場合における実親の陳述の聴取及び審判の告知に関して定める家事事件手続法第164条の2第11項を準用することとしている。これにより、児童相談所長の申立てによる特別養子適格の確認の審判事件において、実親を特定することができない場合には、児童の実親の陳述の聴取及び審判の告知はいずれも不要となる。

# 新家事事件手続法第 238 条

---

**（即時抗告）**

第238条　次の各号に掲げる審判に対しては、当該各号に定める者は、即時抗告をすることができる。

一　都道府県の措置についての承認の審判　児童を現に監護する者、児童に対し親権を行う者及び児童の未成年後見人

二　都道府県の措置についての承認の申立てを却下する審判　申立人

三　都道府県の措置の期間の更新についての承認の審判　児童を現に監護する者、児童に対し親権を行う者及び児童の未成年後見人

四　都道府県の措置の期間の更新についての承認の申立てを却下する審判　申立人

五　児童相談所長又は都道府県知事の引き続いての一時保護についての承認の審判　児童を現に監護する者、児童に対し親権を行う者及び児童の未成年後見人

六　児童相談所長又は都道府県知事の引き続いての一時保護についての承認の申立てを却下する審判　申立人

2　第百六十四条の二第十二項及び第十三項の規定は、児童相談所長の申立てによる特別養子適格の確認の審判事件について準用する。

---

　本条第1項は、都道府県の措置についての承認の審判事件等における即時抗告について定めるものである。

　改正法により創設された児童相談所長の申立てによる特別養子適格の確認の審判も、養子となるべき者（児童）及びその実親の法的地位に変動を生じさせるものであり、その手続保障をする必要があることは、養親となるべき者の申立てによる特別養子適格の確認の審判と全く同様である。そのため、本条第2項は、まず、養親となるべき者による特別養子適格の確認の審判の申立てについての審判に対する即時抗告に関する規定である家事事件手続法第164条の2第12項を準用することとしている。これにより、児童相談所長の申立てによる特別養子適格の確認の審判に対しても、①児童、②児童の実親、③児童に対して親権を行う者及び児童の未成年後見人並びに④児童の実親に対して親権を行う者及び児童の実親の後見人が即時抗告をすることができることとなる。また、児童相談所長による特別養子適格の確認の審判の申立てを却下する審判に対しては、申立人である児童相談所長が即時抗告を

することができることとなる。

　また、本条第2項は、養親となるべき者の申立てによる特別養子適格の確認の審判に対する即時抗告の期間の特則に関する規定である家事事件手続法第164条の2第13項を準用することとしている。これにより、児童相談所長の申立てによる特別養子適格の確認の審判についても、児童の即時抗告期間は、児童以外の者が審判の告知を受けた日（2以上あるときは、当該日のうち最も遅い日）から進行することとなる。その趣旨は、新家事事件手続法第164条第15項の解説で述べたところと同様である。

# 新家事事件手続法第239条

> **（児童相談所長の申立てによる特別養子適格の確認の審判の特則）**
> 第239条　家庭裁判所は、児童の出生の日から二箇月を経過する日まで及び児
> 　童が十八歳に達した日以後は、児童相談所長の申立てによる特別養子適格の
> 　確認の審判をすることができない。
> 2　第百六十四条の二第五項の規定は、児童相談所長の申立てによる特別養子
> 　適格の確認の審判事件について準用する。

　本条は、児童相談所長の申立てによる特別養子適格の確認の審判事件に係
る特則を定めるものである。

## 1　第1項関係（審判をすることができる時期）

　本項は、家庭裁判所は、①児童の出生の日から2か月を経過する日まで及
び②児童が18歳に達した日以後は、児童相談所長の申立てによる特別養子
適格の確認の審判をすることができないことを定めている。

　その趣旨は、新家事事件手続法第164条の2第1項の解説で述べたところ
と同様である。

## 2　第2項関係（実親の同意の撤回制限）

　本項は、児童相談所長の申立てによる特別養子適格の確認の審判事件にお
ける撤回制限が課せられる実親の同意について定めるものである。その趣旨
は、新家事事件手続法第164条の2第5項の解説で述べたところと同様であ
る。

　なお、児童相談所長の申立てによる特別養子適格の確認の審判の申立ての
趣旨は、飽くまで養親としての適格性を有する者一般との関係で特別養子適
格の確認の審判を求めるものである。そして、養親としての適格性を有する
者一般との関係で特別養子適格の確認の審判をする場合における実親の同意
（撤回制限の課せられない同意を含む。）は、養親候補者を特定せずにされたも
の（白地同意）である必要があると考えられ、養親候補者を特定して同意が
されていたとしても、養親としての適格性を有する者一般との関係で特別養
子適格の確認の審判をすることはできないものと考えられる。

# 経過措置関係（附則第2項）

> **（経過措置）**
> 2　この法律の施行の際現に係属している特別養子縁組の成立の審判事件に関
> する養子となる者の年齢についての要件及び当該審判事件の手続について
> は、なお従前の例による。

　本項は、改正法の経過措置を定めるものであり、施行日（令和2年4月1
日）以後においては、原則として改正後の民法第817条の5及び家事事件手
続法が適用されるとする一方で、施行日前に申立てがされた特別養子縁組の
成立の審判事件については、改正前の民法第817条の5及び家事事件手続法
が適用されるものとしている。

　これは、このような定めとしても、旧法下において改正前の民法第817条
の5及び家事事件手続法の適用があることを前提に申立てをした者に特段の
不利益を与えるものではないし、また、改正後の民法第817条の5及び家事
事件手続法の下で特別養子縁組の成立を希望する者は、一旦申立てを取り下
げた上で、新たに申立てをすることは制限されないということが考慮された
ものである。

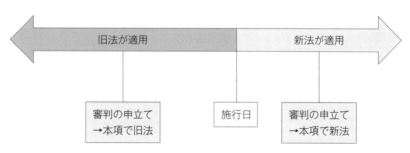

# 第3編

## 資　料

**資料1**　民法等の一部を改正する法律（令和元年法律第34号）　新旧対照条文

一　民法（明治二十九年法律第八十九号）（第一条関係）　　　　　（下線部分は改正部分）

| 改　正　後 | 改　正　前 |
|---|---|
| （養子となる者の年齢） | （養子となる者の年齢） |
| 第八百十七条の五　第八百十七条の二に規定する請求の時に十五歳に達している者は、養子となることができない。特別養子縁組が成立するまでに十八歳に達した者についても、同様とする。 | 第八百十七条の五　第八百十七条の二に規定する請求の時に六歳に達している者は、養子となることができない。ただし、その者が八歳未満であって六歳に達する前から引き続き養親となる者に監護されている場合は、この限りでない。 |
| 2　前項前段の規定は、養子となる者が十五歳に達する前から引き続き養親となる者に監護されている場合において、十五歳に達するまでに第八百十七条の二に規定する請求がされなかったことについてやむを得ない事由があるときは、適用しない。 | （新設） |
| 3　養子となる者が十五歳に達している場合においては、特別養子縁組の成立には、その者の同意がなければならない。 | （新設） |

二　家事事件手続法（平成二十三年法律第五十二号）（第二条関係）　（下線部分は改正部分）

| 改　正　後 | 改　正　前 |
|---|---|
| （養子縁組をするについての許可の審判事件等の管轄権） | （養子縁組をするについての許可の審判事件等の管轄権） |
| 第三条の五　裁判所は、養子縁組をするについての許可の審判事件（別表第一の六十一の項の事項についての審判事件をいう。第百六十一条第一項及び第二項において同じ。）及び特別養子縁組の成立の審判事件（同表の六十三の項の事項についての審判事件をいう。<u>第百六十四条において同じ。）（特別養子適格の確認の審判事件（同条第二項に規定する特別養子適格の確認についての審判事件をいう。第百六十四条の二第二項及び第四項において同じ。）を含む。</u>）について、養親となるべき者又は養子となるべき者の住所（住所がない場合又は住所が知れない場合には、居所）が日本国内にあるときは、管轄権を有する。 | 第三条の五　裁判所は、養子縁組をするについての許可の審判事件（別表第一の六十一の項の事項についての審判事件をいう。第百六十一条第一項及び第二項において同じ。）及び特別養子縁組の成立の審判事件（同表の六十三の項の事項についての審判事件をいう。<u>第百六十四条第一項及び第二項において同じ。）につい</u>て、養親となるべき者又は養子となるべき者の住所（住所がない場合又は住所が知れない場合には、居所）が日本国内にあるときは、管轄権を有する。 |
| 　　第六款　特別養子縁組に関する審判事件 | 　　第六款　特別養子縁組に関する審判事件 |
| （特別養子縁組の成立の審判事件） | （特別養子縁組の成立の審判事件） |
| 第百六十四条　（略） | 第百六十四条　（同左） |
| <u>2　養子となるべき者は、特別養子適格の確認（養子となるべき者について民法第八百十七条の六に定める要件があること及び同法第八百十七条の七に規定する父母による養子となる者の監護が著しく困難又は不適当であることその他特別の事情がある場合に該当することについての確認をいう。以下この条及び次条において同じ。）の審判（申立人の同条第一項の規定による申立てによりされたものに限る。）を受けた者又は児童相談所長の申立てによる特別養子適格の確認の審判（特別養子縁組の成立の申立ての日の六</u> | （新設） |

| 改　正　後 | 改　正　前 |
|---|---|
| 箇月前の日以後に確定したものに限る。）を受けた者でなければならない。<br>3　養子となるべき者の親権者（申立人の配偶者である民法第八百十七条の三第二項ただし書に規定する他の一方を除く。以下この項において同じ。）及びその親権者に対し親権を行う者は、特別養子縁組の成立の審判事件において養子となるべき者を代理して手続行為をすることができない。<br>4　養子となるべき者の父母（申立人の配偶者である民法第八百十七条の三第二項ただし書に規定する他の一方を除く。第十項において同じ。）は、第四十二条第一項及び第三項の規定にかかわらず、特別養子縁組の成立の審判事件の手続に参加することができない。<br>5　第百十八条の規定は、特別養子縁組の成立の審判事件（当該審判事件を本案とする保全処分についての審判事件を含む。）における養親となるべき者並びに養子となるべき者及び申立人の配偶者である民法第八百十七条の三第二項ただし書に規定する他の一方について準用する。<br>6　家庭裁判所は、特別養子縁組の成立の審判をする場合には、次に掲げる者の陳述を聴かなければならない。<br><br><br>一　養子となるべき者（十五歳以上のものに限る。）<br>二　養子となるべき者に対し親権を行う者（養子となるべき者の父母及び養子となるべき者の親権者に対し親権を行う者を除く。）及び養子となるべき者 | （新設）<br><br><br><br><br><br><br>（新設）<br><br><br><br><br><br><br>2　第百十八条の規定は、特別養子縁組の成立の審判事件（当該審判事件を本案とする保全処分についての審判事件を含む。）における養親となるべき者及び養子となるべき者の父母について準用する。<br>3　家庭裁判所は、特別養子縁組の成立の審判をする場合には、次に掲げる者の陳述を聴かなければならない。この場合において、第一号に掲げる者の同意がないにもかかわらずその審判をするときは、その者の陳述の聴取は、審問の期日においてしなければならない。<br>一　養子となるべき者の父母<br>二　養子となるべき者に対し親権を行う者（前号に掲げる者を除く。）及び養子となるべき者の未成年後見人 |

| 改　正　後 | 改　正　前 |
|---|---|
| 　の未成年後見人 | |
| （削る） | 三　養子となるべき者の父母に対し親権を行う者及び養子となるべき者の父母の後見人 |
| （削る） | 4　家庭裁判所は、特別養子縁組の成立の申立てを却下する審判をする場合には、養子となるべき者に対し親権を行う者及び養子となるべき者の未成年後見人の陳述を聴かなければならない。 |
| 7　特別養子適格の確認の審判（児童相談所長の申立てによる特別養子適格の確認の審判を含む。以下この項において同じ。）は、特別養子縁組の成立の審判事件の係属する裁判所を拘束する。この場合において、特別養子適格の確認の審判は、特別養子縁組の成立の審判事件との関係においては、特別養子縁組の成立の審判をする時においてしたものとみなす。 | （新設） |
| 8　特別養子縁組の成立の審判は、第七十四条第一項に規定する者のほか、第六項第二号に掲げる者に告知しなければならない。 | 5　特別養子縁組の成立の審判は、第七十四条第一項に規定する者のほか、第三項第二号及び第三号に掲げる者に告知しなければならない。 |
| （削る） | 6　特別養子縁組の成立の審判は、養子となるべき者に告知することを要しない。 |
| （削る） | 7　家庭裁判所は、特別養子縁組の成立の審判をする場合において、養子となるべき者の父母が知れないときは、養子となるべき者の父母、養子となるべき者の父母に対し親権を行う者及び養子となるべき者の父母の後見人の陳述を聴くこと並びにこれらの者にその審判を告知することを要しない。 |
| 9　特別養子縁組の成立の審判は、養子となるべき者の年齢及び発達の程度その他一切の事情を考慮してその者の利益を害すると認める場合には、その者に告知することを要しない。ただし、養子となる | （新設） |

| 改　正　後 | 改　正　前 |
|---|---|
| べき者が十五歳に達している場合は、この限りでない。 | |
| 10　特別養子縁組の成立の審判は、養子となるべき者の父母に告知することを要しない。ただし、住所又は居所が知れている父母に対しては、審判をした日及び審判の主文を通知しなければならない。 | （新設） |
| 11　家庭裁判所は、第二項の規定にかかわらず、特別養子縁組の成立の審判を、特別養子適格の確認の審判と同時にすることができる。この場合においては、特別養子縁組の成立の審判は、特別養子適格の確認の審判が確定するまでは、確定しないものとする。 | （新設） |
| 12　家庭裁判所は、前項前段の場合において、特別養子適格の確認の審判を取り消す裁判が確定したときは、職権で、特別養子縁組の成立の審判を取り消さなければならない。 | （新設） |
| 13　特別養子縁組の成立の審判は、養子となるべき者が十八歳に達した日以後は、確定しないものとする。この場合においては、家庭裁判所は、職権で、その審判を取り消さなければならない。 | （新設） |
| 14　次の各号に掲げる審判に対しては、当該各号に定める者は、即時抗告をすることができる。<br>一　特別養子縁組の成立の審判　養子となるべき者及び第六項第二号に掲げる者 | 8　次の各号に掲げる審判に対しては、当該各号に定める者は、即時抗告をすることができる。<br>一　特別養子縁組の成立の審判　養子となるべき者の父母、養子となるべき者に対し親権を行う者で養子となるべき者の父母でないもの、養子となるべき者の未成年後見人、養子となるべき者の父母に対し親権を行う者及び養子となるべき者の父母の後見人 |
| 二　（略） | 二　（同左） |
| 15　養子となるべき者（十五歳未満のものに限る。）による特別養子縁組の成立の | （新設） |

| 改　正　後 | 改　正　前 |
|---|---|
| 審判に対する即時抗告の期間は、養子となるべき者以外の者が審判の告知を受けた日（二以上あるときは、当該日のうち最も遅い日）から進行する。<br><br>（特別養子適格の確認の審判事件）<br>第百六十四条の二　家庭裁判所は、養親となるべき者の申立てにより、その者と養子となるべき者との間における縁組について、特別養子適格の確認の審判をすることができる。ただし、養子となるべき者の出生の日から二箇月を経過する日まで及び養子となるべき者が十八歳に達した日以後は、この限りでない。<br>2　特別養子適格の確認の審判事件は、養親となるべき者の住所地を管轄する家庭裁判所の管轄に属する。<br>3　特別養子適格の確認の申立ては、特別養子縁組の成立の申立てと同時にしなければならない。<br>4　第百十八条の規定は、特別養子適格の確認の審判事件における養親となるべき者並びに養子となるべき者及び養子となるべき者の父母について準用する。<br>5　民法第八百十七条の六本文の同意は、次の各号のいずれにも該当する場合には、撤回することができない。ただし、その同意をした日から二週間を経過する日までは、この限りでない。<br>一　養子となるべき者の出生の日から二箇月を経過した後にされたものであること。<br>二　次のいずれかに該当するものであること。<br>イ　家庭裁判所調査官による事実の調査を経た上で家庭裁判所に書面を提出してされたものであること。 | （新設） |

| 改　正　後 | 改　正　前 |
|---|---|
| 　　ロ　審問の期日においてされたもので<br>　　　あること。<br>　6　家庭裁判所は、特別養子適格の確認の<br>　　審判をする場合には、次に掲げる者の陳<br>　　述を聴かなければならない。この場合に<br>　　おいて、第二号に掲げる者の同意がない<br>　　にもかかわらずその審判をするときは、<br>　　その者の陳述の聴取は、審問の期日にお<br>　　いてしなければならない。<br>　　一　養子となるべき者（十五歳以上のも<br>　　　のに限る。）<br>　　二　養子となるべき者の父母<br>　　三　養子となるべき者に対し親権を行う<br>　　　者（前号に掲げる者を除く。）及び養<br>　　　子となるべき者の未成年後見人<br>　　四　養子となるべき者の父母に対し親権<br>　　　を行う者及び養子となるべき者の父母<br>　　　の後見人<br>　7　家庭裁判所は、特別養子縁組の成立の<br>　　申立てを却下する審判が確定したとき、<br>　　又は特別養子縁組の成立の申立てが取り<br>　　下げられたときは、当該申立てをした者<br>　　の申立てに係る特別養子適格の確認の申<br>　　立てを却下しなければならない。<br>　8　家庭裁判所は、特別養子適格の確認の<br>　　申立てを却下する審判をする場合には、<br>　　第六項第二号及び第三号に掲げる者の陳<br>　　述を聴かなければならない。<br>　9　特別養子適格の確認の審判は、第七十<br>　　四条第一項に規定する者のほか、第六項<br>　　第三号及び第四号に掲げる者に告知しな<br>　　ければならない。<br>　10　特別養子適格の確認の審判は、養子と<br>　　なるべき者の年齢及び発達の程度その他<br>　　一切の事情を考慮してその者の利益を害<br>　　すると認める場合には、その者に告知す<br>　　ることを要しない。 | |

| 改　正　後 | 改　正　前 |
|---|---|
| 11　家庭裁判所は、特別養子適格の確認の審判をする場合において、第六項第二号に掲げる者を特定することができないときは、同号及び同項第四号に掲げる者の陳述を聴くこと並びにこれらの者にその審判を告知することを要しない。<br>12　次の各号に掲げる審判に対しては、当該各号に定める者は、即時抗告をすることができる。<br>　一　特別養子適格の確認の審判　養子となるべき者及び第六項第二号から第四号までに掲げる者<br>　二　特別養子適格の確認の申立てを却下する審判　申立人<br>13　養子となるべき者による特別養子適格の確認の審判に対する即時抗告の期間は、養子となるべき者以外の者が審判の告知を受けた日（二以上あるときは、当該日のうち最も遅い日）から進行する。<br>14　特別養子縁組の成立の申立てを却下する審判が確定したとき、又は特別養子縁組の成立の申立てが取り下げられたときは、当該申立てをした者の申立てによる特別養子適格の確認の審判は、その効力を失う。<br><br>　　　第二十三節　児童福祉法に規定する審判事件<br><br>（管轄）<br>第二百三十四条　都道府県の措置についての承認の審判事件（別表第一の百二十七の項の事項についての審判事件をいう。次条において同じ。）、都道府県の措置の期間の更新についての承認の審判事件（同表の百二十八の項の事項についての審判事件をいう。同条において同じ。）、 | <br><br><br><br><br><br><br><br><br><br><br><br><br><br><br><br><br><br><br><br><br><br><br><br><br><br><br><br><br><br>　　　第二十三節　児童福祉法に規定する審判事件<br><br>（管轄）<br>第二百三十四条　都道府県の措置についての承認の審判事件（別表第一の百二十七の項の事項についての審判事件をいう。次条において同じ。）、都道府県の措置の期間の更新についての承認の審判事件（同表の百二十八の項の事項についての審判事件をいう。同条において同じ。） |

| 改　正　後 | 改　正　前 |
|---|---|
| <u>児童相談所長又は都道府県知事の引き続いての一時保護についての承認の審判事件</u>（同表の百二十八の二の項の事項についての審判事件をいう。同条において同じ。）<u>及び児童相談所長の申立てによる特別養子適格の確認の審判事件（同表の百二十八の三の項の事項についての審判事件をいう。以下この節において同じ。）</u>は、児童の住所地を管轄する家庭裁判所の管轄に属する。 | <u>及び児童相談所長又は都道府県知事の引き続いての一時保護についての承認の審判事件</u>（同表の百二十八の二の項の事項についての審判事件をいう。同条において同じ。）<u>は、</u>児童の住所地を管轄する家庭裁判所の管轄に属する。 |
| （手続行為能力） | （手続行為能力） |
| 第二百三十五条　第百十八条の規定は、都道府県の措置についての承認の審判事件、都道府県の措置の期間の更新についての承認の審判事件及び児童相談所長又は都道府県知事の引き続いての一時保護についての承認の審判事件における児童を現に監護する者、児童に対し親権を行う者、児童の未成年後見人及び児童<u>並びに児童相談所長の申立てによる特別養子適格の確認の審判事件における児童及びその父母</u>について準用する。 | 第二百三十五条　第百十八条の規定は、都道府県の措置についての承認の審判事件、都道府県の措置の期間の更新についての承認の審判事件及び児童相談所長又は都道府県知事の引き続いての一時保護についての承認の審判事件における児童を現に監護する者、児童に対し親権を行う者、児童の未成年後見人及び児童<u>について</u>準用する。 |
| （陳述及び意見の聴取） | （陳述及び意見の聴取） |
| 第二百三十六条　（略） | 第二百三十六条　（同左） |
| 2　（略） | 2　（同左） |
| <u>3　第百六十四条の二第六項及び第八項の規定は、児童相談所長の申立てによる特別養子適格の確認の審判事件について準用する。</u> | （新設） |
| （審判の告知） | （審判の告知） |
| 第二百三十七条　（略） | 第二百三十七条　（同左） |
| <u>2　第百六十四条の二第九項から第十一項までの規定は、児童相談所長の申立てによる特別養子適格の確認の審判事件につ</u> | （新設） |

| 改　正　後 | 改　正　前 |
|---|---|
| いて準用する。<br><br>（即時抗告）<br>第二百三十八条　（略）<br>2　第百六十四条の二第十二項及び第十三項の規定は、児童相談所長の申立てによる特別養子適格の確認の審判事件について準用する。<br><br>（児童相談所長の申立てによる特別養子適格の確認の審判の特則）<br>第二百三十九条　家庭裁判所は、児童の出生の日から二箇月を経過する日まで及び児童が十八歳に達した日以後は、児童相談所長の申立てによる特別養子適格の確認の審判をすることができない。<br>2　第百六十四条の二第五項の規定は、児童相談所長の申立てによる特別養子適格の確認の審判事件について準用する。 | （即時抗告）<br>第二百三十八条　（同左）<br>（新設）<br><br><br><br><br><br><br><br><br><br>第二百三十九条　削除 |

別表第一（略）

| 項 | 事項 | 根拠となる法律の規定 |
|---|---|---|
| （略） | | |
| 百二十八の二 | 児童相談所長又は都道府県知事の引き続いての一時保護についての承認 | 児童福祉法第三十三条第五項 |
| 百二十八の三 | 児童相談所長の申立てによる特別養子適格の確認 | 児童福祉法第三十三条の六の二第一項 |

別表第一（同左）

| 項 | 事項 | 根拠となる法律の規定 |
|---|---|---|
| （同左） | | |
| 百二十八の二 | （同左） | （同左） |
| （新設） | （新設） | （新設） |

三　児童福祉法（昭和二十二年法律第百六十四号）（第三条関係）　（下線部分は改正部分）

| 改 正 後 | 改 正 前 |
|---|---|
| 第十一条　都道府県は、この法律の施行に関し、次に掲げる業務を行わなければならない。<br>　一　（略）<br>　二　児童及び妊産婦の福祉に関し、主として次に掲げる業務を行うこと。<br>　　イ〜ヘ　（略）<br>　　ト　養子縁組により養子となる児童、その父母及び当該養子となる児童の養親となる者、養子縁組により養子となつた児童、その養親となつた者及び当該養子となつた児童の父母（民法（明治二十九年法律第八十九号）第八百七十条の二第一項に規定する特別養子縁組<u>（第三十三条の六の二において「特別養子縁組」という。）により親族関係が終了した当</u>該養子となつた児童の実方の父母を含む。）その他の児童を養子とする養子縁組に関する者につき、その相談に応じ、必要な情報の提供、助言その他の援助を行うこと。<br>　三　（略）<br>②〜⑤（略） | 第十一条　都道府県は、この法律の施行に関し、次に掲げる業務を行わなければならない。<br>　一　（同左）<br>　二　児童及び妊産婦の福祉に関し、主として次に掲げる業務を行うこと。<br>　　イ〜ヘ　（同左）<br>　　ト　養子縁組により養子となる児童、その父母及び当該養子となる児童の養親となる者、養子縁組により養子となつた児童、その養親となつた者及び当該養子となつた児童の父母（民法（明治二十九年法律第八十九号）第八百七十条の二第一項に規定する特別養子縁組により親族関係が終了した当該養子となつた児童の実方の父母を含む。）その他の児童を養子とする養子縁組に関する者につき、その相談に応じ、必要な情報の提供、助言その他の援助を行うこと。<br>　三　（同左）<br>②〜⑤　（同左） |
| <u>第三十三条の六の二　児童相談所長は、児童について、家庭裁判所に対し、養親としての適格性を有する者との間における特別養子縁組について、家事事件手続法（平成二十三年法律第五十二号）第百六十四条第二項に規定する特別養子適格の確認を請求することができる。</u><br><u>②　児童相談所長は、前項の規定による請求に係る児童について、特別養子縁組によつて養親となることを希望する者が現に存しないときは、養子縁組里親その他</u> | （新設） |

| 改　正　後 | 改　正　前 |
|---|---|
| の適当な者に対し、当該児童に係る民法第八百十七条の二第一項に規定する請求を行うことを勧奨するよう努めるものとする。<br><br>第三十三条の六の三　児童相談所長は、児童に係る特別養子適格の確認の審判事件（家事事件手続法第三条の五に規定する特別養子適格の確認の審判事件をいう。）の手続に参加することができる。<br>②　前項の規定により手続に参加する児童相談所長は、家事事件手続法第四十二条第七項に規定する利害関係参加人とみなす。 | （新設） |

**資料2**　民法等の一部を改正する法律（令和元年法律第34号）　附則

附　　則

（施行期日）

1　この法律は、公布の日から起算して一年を超えない範囲内において政令で定める日から施行する。ただし、附則第三項の規定は、公布の日から施行する。

（経過措置）

2　この法律の施行の際現に係属している特別養子縁組の成立の審判事件に関する養子となる者の年齢についての要件及び当該審判事件の手続については、なお従前の例による。

（政令への委任）

3　前項に規定するもののほか、この法律の施行に関し必要な経過措置は、政令で定める。

資料3 特別養子制度の見直しに関する要綱

## 第1 養子となる者の年齢要件等の見直し

特別養子縁組における養子となる者の年齢に関する規律を次のように改めるものとする。

1 養子となる者は，特別養子縁組の成立の審判の申立ての時に15歳未満の者でなければならない。

2 上記1にかかわらず，養子となる者が次の要件のいずれにも該当する場合には，養子となることができる。

(1) 15歳に達する前から引き続き養親となる者に監護されていること

(2) 15歳に達するまでに特別養子縁組の成立審判の申立てがされなかったことについてやむを得ない事由があること

3 上記1・2のいずれの場合であっても，特別養子縁組の成立の審判の確定までの間に養子となる者が18歳に達したときは，その者は，養子となることができない。

4 家庭裁判所は，養子となる者が15歳に達している場合においては，その者の同意がなければ，特別養子縁組を成立させることができない。

## 第2 特別養子縁組の成立の手続に係る規律の見直し

特別養子縁組の成立の手続に係る規律を次のように改めるものとする。

1 **第1段階の手続に係る規律**

(1) 家庭裁判所は，養親となるべき者の申立てにより（注1，2），その者と養子となるべき者との間の縁組について，養子となるべき者が以下のア及びイの要件のいずれにも該当することを確認する審判（以下「第1段階の審判」という。）をすることができる。

ア 「父母による養子となる者の監護が著しく困難又は不適当であることその他特別の事情がある場合」（民法第817条の7）に該当すること。

イ 養子となるべき者の父母（以下「実親」という。）のそれぞれが次のいずれかに該当すること。

(ｱ) 民法第817条の6本文の同意をしているとき。

(ｲ) 「父母がその意思を表示することができない場合又は父母による虐待、悪意の遺棄その他養子となる者の利益を著しく害する事由がある場合」（民法第817条の6ただし書）に該当するとき。

(2) 養親となるべき者は，(1)の申立て（以下「第1段階の申立て」という。）をするときは，特別養子縁組の成立の申立て（以下「第2段階の申立て」という。）をしなければならない（注3）。

(3) 第1段階の審判事件の国際裁判管轄については，養親となるべき者又

は養子となるべき者の住所（住所がない場合又は住所が知れない場合には，居所）が日本国内にあるときは，我が国の裁判所が管轄権を有する。第1段階の審判事件の国内裁判管轄については，養親となるべき者の住所地を管轄する家庭裁判所の管轄に属する。

⑷　第1段階の審判は，養子となるべき者の出生から2か月を経過する日までは，することができない。

⑸　第1段階の審判事件における申立人，養子となるべき者及び実親は，未成年者又は制限行為能力者であっても，自ら手続行為をすることができる。

⑹　上記⑴イ⑺の同意は，以下のア及びイのいずれにも該当する場合には，撤回することができない。ただし，その同意をした日から2週間を経過するまでの間は，その同意を撤回することができる。
　　ア　養子となるべき者の出生の日から2か月を経過した後にされたものであること。
　　イ　以下のいずれかに該当するものであること。
　　⑺　家庭裁判所調査官による事実の調査を経た上で家庭裁判所に書面を提出してされたものであること。
　　⑷　第1段階の審判事件における審問の期日においてされたものであること。

⑺　家庭裁判所は，第1段階の審判をする場合には，次に掲げる者の陳述を聴かなければならない。この場合において，以下のイに掲げる者の同意がないにもかかわらず第1段階の審判をするときは，その者の陳述の聴取は，審問の期日においてしなければならない。
　　ア　養子となるべき者（15歳以上のものに限る。）
　　イ　実親
　　ウ　養子となるべき者に対し親権を行う者（上記イに掲げる者を除く。）及び養子となるべき者の未成年後見人
　　エ　実親に対し親権を行う者及び実親の後見人

⑻　上記⑺にかかわらず，家庭裁判所は，第1段階の審判をする場合において，実親が知れないときは，実親，実親に対し親権を行う者及び実親の後見人の陳述を聴くことを要しない。

⑼　家庭裁判所は，第2段階の申立てを却下する審判が確定したとき，又は第2段階の申立てが取り下げられたときは，その申立人の申立てに係る第1段階の申立てを却下しなければならない。

⑽　家庭裁判所は，第1段階の申立てを却下する審判をする場合には，養子となるべき者に対し親権を行う者及び養子となるべき者の未成年後見人の陳述を聴かなければならない。

⑾　第1段階の審判は，家事事件手続法第74条第1項に規定する者（申立人，利害関係参加人，審判を受ける者（養子となるべき者及び実親））

2

のほか，上記(7)ウ及びエに掲げる者に告知しなければならない。

(12)　上記(11)にかかわらず，第1段階の審判は，養子となるべき者の年齢及び発達の程度その他一切の事情を考慮してその者の利益を害すると認める場合には，その者に告知することを要しない。

(13)　上記(11)にかかわらず，家庭裁判所は，実親が知れないときは，実親，実親に対し親権を行う者及び実親の後見人に対しては，第1段階の審判を告知することを要しない。

(14)　以下のア及びイに掲げる審判に対しては，ア及びイに掲げる者は，即時抗告をすることができる。

　　ア　第1段階の審判　養子となるべき者，実親，養子となるべき者に対し親権を行う者，養子となるべき者の未成年後見人，実親に対し親権を行う者及び実親の後見人

　　イ　第1段階の申立てを却下する審判　申立人

(15)　養子となるべき者が第1段階の審判に対する即時抗告をすることができる期間は，その者以外の者が審判の告知を受けた日（その日が2以上あるときは，そのうち最も遅い日）から進行する。

(16)　養親となるべき者の申立てに係る第1段階の審判は，その者による第2段階の申立てを却下する審判が確定したとき又はその者が第2段階の申立てを取り下げたときは，その効力を失う。

（注1）第1段階の手続については，児童相談所長も申し立てることができるものとする。
　　　　この場合の第1段階の審判事件は，養子となるべき者の住所地を管轄する家庭裁判所の管轄に属するものとする。
　　　　児童相談所長が第1段階の申立てをした場合には，家庭裁判所は，養親としての適格性を有する者との間の特別養子縁組について，養子となるべき者が上記(1)ア及びイの要件のいずれにも該当することを確認する審判をするものとする。
　　　　児童相談所長が第1段階の申立てをした場合には，上記(2)，(9)及び(16)の規律は適用されないものとする。

（注2）養親となるべき者が第1段階の申立てをした場合には，児童相談所長は，家庭裁判所の許可なく第1段階の手続に参加することができるものとする。

（注3）養親となるべき者は，児童相談所長の申立てによる第1段階の審判を前提として第2段階の申立てをする場合には，第1段階の審判の確定の日から6か月が経過するまでに第2段階の申立てをしなければならないものとする。

## 2　第2段階の手続（特別養子縁組の成立の審判手続）に係る規律

(1)　特別養子縁組の成立の審判（以下「第2段階の審判」という。）事件は，養親となるべき者の住所地を管轄する家庭裁判所の管轄に属する。

(2)　養子となるべき者の親権者及びその親権者が未成年である場合におけるその親権者に対し親権を行う者は，第2段階の審判事件において，養

子となるべき者を代理して手続行為をすることができない。

⑶　実親は，第2段階の手続に参加することができない。ただし，養子となるべき者が実親の嫡出である子であって，当該実親の配偶者が単独で第2段階の申立てをしている場合には，当該実親は，当該申立てに係る手続に参加することができる。

⑷　第2段階の審判事件（これを本案とする保全処分についての審判事件を含む。）において，養親となるべき者，養子となるべき者及び第2段階の手続に参加することができる実親は，未成年者，制限行為能力者であっても，自ら手続行為をすることができる。

⑸　家庭裁判所は，第2段階の審判をする場合には，次に掲げる者の陳述を聴かなければならない。

　　ア　養子となるべき者（15歳以上のものに限る。）

　　イ　養子となるべき者に対し親権を行う者（第2段階の手続に参加することができない者及び第2段階の手続において養子となるべき者を代理して手続行為をすることができない者を除く。）及び養子となるべき者の未成年後見人

⑹　第2段階の審判は，養子となるべき者について第1段階の審判が確定した後でなければすることができない。

⑺　上記⑹にかかわらず，家庭裁判所は，第2段階の審判を，第1段階の審判と同時にすることができる。この場合には，第2段階の審判は，第1段階の審判が確定するまでは，確定しない。

⑻　第1段階の審判がされた場合には，その審判において養子となるべき者が上記1⑴ア及びイの要件に該当する旨の判断は，第2段階の手続において，当事者及び参加人は争うことができず，第2段階の審判事件の係属する裁判所は，第2段階の審判をする時点においても上記1⑴ア及びイの要件が充足されているものとしてその審判をしなければならない。

⑼　第2段階の審判は，家事事件手続法第74条第1項に規定する者（申立人，利害関係参加人及び審判を受ける者（養子となるべき者）のほか，上記⑸イに掲げる者に告知しなければならない。

⑽　第2段階の審判は，養子となるべき者の年齢及び発達の程度その他一切の事情を考慮してその者の利益を害すると認める場合には，その者に告知することを要しない。ただし，養子となるべき者が15歳に達している場合には，第2段階の審判を告知しなければならない。

⑾　第2段階の審判は，実親（上記⑶のただし書に定める実親を除く。）に告知することを要しない。ただし，住所又は居所が知れている実親に対しては，審判の主文及び年月日を通知しなければならない。

⑿　第2段階の審判がされた後でも，その審判の確定までの間に養子となるべき者が18歳に達したときは，その審判は確定しないものとする。この場合には，家庭裁判所は，職権で，その審判を取り消さなければな

らない。
(13)　以下のア及びイに掲げる審判に対しては，ア及びイに定める者は，即
時抗告をすることができる。
　　ア　第 2 段階の審判　養子となるべき者及び上記(5)イに掲げる者
　　イ　第 2 段階の申立てを却下する審判　申立人
(14)　養子となるべき者が第 2 段階の審判に対する即時抗告をすることがで
きる期間は，養子となるべき者以外の者が審判の告知を受けた日（その
日が 2 以上あるときは，そのうち最も遅い日）から進行する。ただし，
養子となるべき者が 1 5 歳に達した者である場合には，即時抗告の期間
は，その者に第 2 段階の審判が告知された日から進行する。

資料4　特別養子を中心とした養子制度の在り方に関する研究会中間報告書（抄）


### 第6　その他の論点について

1　養子縁組制度全般について

(1)　法律的親子関係に基づく法律関係（相続権，扶養義務等）のうち一部だけが発生する制度を創設する必要はあるか[60]。

（補足説明）

　　我が国において養子縁組は様々な目的で利用されており，その中には，養子となる者に相続権を与えることや，養子となる者に扶養義務を負わせること等，法律的親子関係に基づく法律関係の一部のみを目的としていると思われるものもあるように思われる。このような養子縁組は法律的親子関係を創設しようとする養子縁組の趣旨に反するとして，養子とは別に，親子関係に基づく法律関係のうち一部（相続権，扶養義務等）のみが発生する新たな制度を設けるべきではないかとの意見があるが，どう考えるか。

　　なお，このような考え方を採用すると，養育を目的としない普通養子縁組を用いる必要性は大幅に減ずることになると考えられる。その意味では，この論点は，後記2(1)アと密接に関連するものである。

(2)　父又は母が婚姻によって子と異なる氏を称することになったときは，子は，家庭裁判所の許可なく，届出だけで，従前氏を同じくしていた父又は母と同一の氏を称することができるものとする必要はあるか[61]。

（補足説明）

　　民法第791条第1項は，子が父又は母と氏を異にする場合には，子は，家庭裁判所の許可を得て，戸籍法の定めるところにより届け出ることによって，その父又は母の氏を称することができるとしている。したがって，例えば，子Xを有するAがBと婚姻してBの氏を称することとした場合において，XもAと同じくBの氏を称することを望むときは，Xは，家庭裁判所の許可を得た上で，氏の変更の届出をする必要がある。

---

[60] 第2回議事要旨2頁
[61] 第2回議事要旨1頁

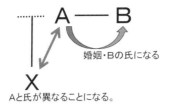

　この点について，子がわざわざ家庭裁判所に許可を求めることは煩瑣であることから，設例の場面では，BがXと養子縁組をすることで，Xに養親であるBの氏を称させることとしている（民法第８１０条）という実態があるのではないかとの指摘[62]がある（Xは未成年者であるが，配偶者の直系卑属を養子とする場合であるから，民法第７９８条ただし書により，家庭裁判所の許可は不要である。）。仮にそのような実態があるとすると，氏を変更することを目的とする養子縁組が，未成年者の利益に沿うものか必ずしも明らかでないことから，この場面で養子縁組を利用することは適当でないとの指摘もある。

　そこで，このような場面では，率直に子の氏の変更について家庭裁判所の許可を不要としてはどうかとの意見があるが，どう考えるか。

　なお，再婚による家族が増えている現状に鑑みると，養子縁組以外の方法で，再婚によって家族に生じ得る不都合を除去又は緩和する方策を講ずることが必要になっているとの考え方があるが，そのような考え方によれば，本論点はそのような方策の一つに位置付けられることになる。

## 2　普通養子縁組について

（1）　民法第７９２条（養親となる者の年齢）関係

　ア　養子となる者は未成年者に限ることとすべきか[63]

　イ　養親となる者の年齢を引き上げるべきか

　ウ　養親子間に一定の年齢差を必要とすべきか

　（ア～ウの補足説明）

　　我が国において，普通養子縁組は様々な目的[64]で用いられているといわれて

---

[62] 「戸籍」第 462 号 19 頁

[63] 2(1)ア～ウ記載の事項は，法制審議会民法部会身分法小委員会が昭和３４年６月に民法部会に対して報告した「法制審議会民法部会小委員会における仮決定及び留保事項」の第２８（本報告書に記載する点はいずれも留保事項であり，以下「留保事項第２８」のように表記する。）

[64] 大村敦志「家族法（第３版）」有斐閣（2010）203 頁は，普通養子縁組は「親子関係に伴う財産的な義務を発生させるために用いられているといっても過言ではない」と指摘し

いるが，養子縁組は未成年者の養育のために用いられるべきものであること
を前提に，養子となる者は未成年者に限るべきであるとの考え方があるが，
どのように考えるか。

　また，養子縁組が未成年者の養育のためのものであることを前提に，養親
となる者が養育をするのに十分な程度に成熟しているといえる年齢に達して
いることや，養親子間に相当な年齢差があることを要件とすべきとの考え方
があるが，どう考えるか。

エ　法律的な親子関係を発生させようとする意思（縁組意思）の有無が問題に
なる場合（例えば，専ら氏の変更を目的とする場合）の養子縁組の効力につ
いて規定を設ける必要はあるか
（補足説明）
　養子縁組は法律的な親子関係を創設するための制度であることから，親子
関係の形成を意図するのではなく，特定の法律関係の発生のみを目的とする
養子縁組については，実質的な縁組意思を欠くとして，その効力を否定すべ
きではないかとの考え方があるが，どう考えるべきか。

⑵　民法第７９５条（配偶者のある者が未成年者を養子とする縁組）関係
ア　配偶者の嫡出でない子であっても，単独で養子縁組をすることができるも
のとする必要はあるか（民法第８１７条の３第２項も同じ）
（補足説明）
　民法第７９５条は，原則として配偶者のある者が未成年者を養子とする場
合には，配偶者とともに縁組をしなければならないとした上で，配偶者の嫡
出子を養子とする場合には単独で養子縁組をすることができることとしてい
る。

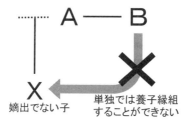

　そうすると，配偶者の嫡出でない子を養子とする場合には，夫婦共同縁組

ている。

をしなければならないから，例えば，嫡出でない子Xを有するAがBと婚姻した場合において，BがXを養子としようとするときは，Aとともに共同縁組をしなければならないということになる。

この点について，実子との間で養子縁組をすることは，実親にとって心理的な抵抗感が大きいとの指摘がある。

また，民法第７９５条の現在の規律は，昭和６２年の民法改正によって現在の規律になったものであるが，これは，嫡出子と嫡出でない子の法定相続分が異なっていた当時，配偶者が自己の嫡出でない子を養子として嫡出子の身分を取得させることは，同人の法律上の地位を向上させることになると考えられたためである。そうすると，嫡出子の相続分と嫡出でない子との相続分とに区別がなくなった現在では，このような制度を維持する必要性がなくなっているとの指摘もある。

そこで，配偶者の「子」を養子とする場合には，その子が嫡出でない未成年者であっても，単独で養子縁組をすることができることとすべきではないかとの考え方があるが，どのように考えるべきか。

なお，この点については，特別養子縁組に関する民法第８１７条の３においても同様の問題がある。

イ　未成年養子縁組について夫婦共同縁組の必要性を緩和すること（配偶者の同意がある場合や，別居中の場合には単独で養子縁組ができるなど）を検討する必要はあるか[65]

（補足説明）

民法第７９５条は，配偶者のある者が未成年者を養子とするには，配偶者とともにしなければならないとし，例外的に，配偶者の嫡出子を養子とする場合又は配偶者がその意思を表示することができない場合には，この限りでないとしている。

この点については，配偶者のある者が未成年者を養子とする場合であっても，既に配偶者と別居している等，夫婦で養子を共同して監護することが期待できない事情がある場合には，当該縁組が未成年者の利益にかなうものか否かは家庭裁判所の許可の手続で判断されることを前提に，配偶者の同意を得て，単独で養子縁組をすることができるようにしてはどうかという考え方があるが，どう考えるべきか。

⑶　民法第７９７条（１５歳未満の者を養子とする縁組）関係

---

[65] 床谷４６頁

　ア　第797条について，次のような見直しを検討すべきか[66]
　　①　代諾の制度を存置する案
　　　甲案　現行法どおりとする案
　　②　代諾の制度を廃止する案
　　　乙案　養親となる者が家庭裁判所の審判を得て単独で縁組をすることが
　　　　　できるものとするが，養子となる者に法定代理人があるときは，そ
　　　　　の同意を要するものとする案
　　　丙案　乙案における法定代理人の同意は，家庭裁判所が審判をする際に
　　　　　考慮すべき事情とすれば足りるものとする案
　イ　アのほか，代諾の制度を見直す必要はあるか
　（ア及びイの補足説明）
　　　代諾養子縁組については，養子となる者の意思によらずに養子縁組が成立
　するものであることから，その妥当性について改めて検討すべきとの考え方[67]
　があるが，どのように考えるか。
　ウ　法定代理人が15歳未満の者の養子縁組の代諾をする場合に，代諾のため
　　に同意を得なければならない者の範囲を拡大する（現在は父母であって養子
　　となる者の監護をすべき者又は父母であって親権を停止されている者の同意
　　のみで足りるが，その範囲を拡大する）必要はあるか[68]
　（補足説明）
　　　民法第797条は，法定代理人が養子縁組の代諾をするには，①父母であ
　って養子となる者の監護をすべき者又は②父母であって親権を停止されてい
　る者の同意を得なければならないとしているが，親権及び監護権のいずれも
　有しない親の同意については，必要とはされていない。
　　　この点については，最高裁平成26年4月14日決定（民集68巻4号2
　79頁）は，「子が実親の一方及び養親の共同親権に服する場合，民法819
　条6項の規定に基づき，子の親権者を他の一方の実親に変更することはでき
　ない」と判示していることから，親権を有しない親が親権者に対して親権者
　変更の申立てをしようとしているときに，親権者が自分の再婚相手と子との
　間で養子縁組をして親権者変更を阻止するような実態があるのではないかと

---

[66] 留保事項第30
[67] 大村敦志「家族法（第3版）」有斐閣（2010）202頁は，「現行法の下では，15歳未満
の子については親権者の代諾によって養子縁組がなされるが，この場合に子の意思を全く
無視してしまってよいかという問題がある。明治民法の起草時には激しく議論された問題
であり，起草者たちは15歳に達した子に取消権を与える案を提案していた。当時と今日
とでは，家庭裁判所の許可の要否など前提が異なっているが，そこは今日でも傾聴すべき
問題意識が含まれていたといえ」ると指摘する。
[68] 第2回会議議事要旨1頁

の指摘があった。

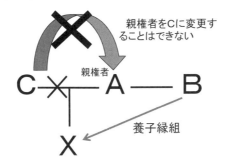

　　そこで，法定代理人が養子縁組の代諾をする場合には，養子となる者の全
ての親の同意を必要とすべきであるとの考え方があるが，どのように考える
か。

**エ　養子となる者が１５歳以上の未成年者である場合については，養子縁組に
　法定代理人の同意を要するものとすべきか否かについて検討する必要はある
　か[69]**

（補足説明）

　　現行法においては，未成年者であっても１５歳に達した者は，法定代理人
の同意なく養子縁組をすることができることとされている。この点について
は，未成年者による安易な養子縁組を防止する観点から，家庭裁判所の許可
だけではなく，さらに法定代理人の同意をも必要とすべきであるとの考え方
があるが，どう考えるべきか。

**オ　養子となる者が１５歳未満であっても一定の年齢を超えている場合には，
　養子縁組について養子となる者の同意を得なければならないものとする必要
　はあるか[70]**

（補足説明）

　　１５歳という年齢は，現行法上，遺言（民法第９６１条），子の氏の変更
（民法第７９１条）とともに，身分行為能力の一つの標準とされている年齢
ではある。しかし，養子縁組については，実質的に養親となる者の縁組意思
に同意するかどうかを判断することができれば足りることから，自ら遺言や
氏の変更をする場合とは異なり，１５歳未満の者にも意思を表明する機会を

---

[69]　留保事項第３１
[70]　床谷４７頁

保障すべきであるとする考え方があるが，どう考えるか。

(4)　民法第７９８条（未成年者を養子とする縁組）関係

　ア　いわゆる連れ子養子及び孫養子を例外とせず，全ての未成年養子縁組の成立について家庭裁判所の許可を要するものとする必要はあるか[71]

　（補足説明）

　　民法第７９８条は，未成年者を養子とするには家庭裁判所の許可を得なければならないとしつつ，自己又は配偶者の直系卑属を養子とする場合（いわゆる連れ子養子又は孫養子の場合）には，このような許可を要しないこととしている。

　　この点については，特に１５歳以上の未成年者の養子縁組については，法定代理人の同意も監護者の同意も必要とされていないことから保護に欠けることがあり得るし，また，実質的には法定代理人の意向によって縁組が承諾される場合もあり得るとの指摘がある。そこで，未成年養子縁組については，当該縁組が子の利益にかなうか否かを常に家庭裁判所に判断させるべきであるとの指摘があるが，どう考えるか。

　イ　許可の基準の具体的内容を明らかにする必要はあるか。

　（補足説明）

　　現行法では，家庭裁判所の許可基準についての具体的な内容が示されていない。この点について，学説・判例では，未成年者の福祉に合致するかどうかを判断すべきことは明らかであるとされているが，この点についてどう考えるか。

　ウ　未成年者を養子とする場合における家庭裁判所の審判の効力について，次のような見直しを検討すべきか[72]。

　　甲案　審判によって縁組が成立するものとする案

　　乙案　１５歳未満の者を養子とする縁組に限り甲案のとおりとする案

(5)　民法第８１１条（協議上の離縁）関係

　ア　未成年養子縁組について，離縁に家庭裁判所の許可を要するものとする必要はあるか[73]。

　（補足説明）

---

[71]　床谷４７頁
[72]　留保事項第３２
[73]　床谷５０頁

　　養子が未成年であるときは，離縁後の監護及び養育について子の利益を害することがないように，離縁について縁組と同じく家庭裁判所の許可を得なければならないものとすべきであるとの考え方があるが，どのように考えるべきか。

　イ　養親死亡後の離縁について，次のような見直しをすべきか[74]。
　　甲案　養親死亡後は離縁を認めないものとする案
　　乙案　当事者の一方の死亡により法定血族関係及び養族関係は消滅するが，扶養，相続等の関係については，別個に考慮すべきものとする案

⑹　民法第814条（裁判上の離縁）関係[75]
　ア　未成年の養子の保護のため，縁組の当事者の申立てによらないで離縁の裁判をすることができるものとする必要はあるか
　イ　その他第814条について検討すべき課題はあるか。

3　特別養子縁組について
　研究会では，特別養子縁組に関して以下の論点が指摘されたが，これらの論点のうちには，第3〜第5の論点と関連しているものもある。
⑴　第817条の6（父母の同意）関係
　民法第817条の6ただし書について，同意が不要となる要件を明確化する必要はあるか
⑵　第817条の7（子の利益のための特別の必要性）
　ア　「特別な必要性」という要件を緩和する必要はあるか
　イ　養子が成年に達したとき等に，普通養子縁組から特別養子縁組への転換又は実親子関係の終了を可能とする必要はあるか
⑶　第817条の10（特別養子縁組の離縁）
　養子の請求による離縁の要件を緩和することを含め，特別養子縁組の離縁事由を見直す必要はあるか
⑷　その他
　ア　特別養子となった子については，父が認知をすることができないことを明文化する必要はあるか
　イ　特別養子となった子の出自を知る権利をどのように保障するか（これに関連して，戸籍の記載のあり方について見直す必要はあるか）

---

[74] 留保事項第37
[75] 留保事項第38

## 4　第6で取り上げた論点について

　　本報告書中第3から第5までで取り上げた論点（以下「年齢要件等」という。）は特に検討の緊急性が高いものであるが，その他にも，普通養子制度についてはもちろん，特別養子制度についても，さらに検討すべき論点として上記1から3までの諸点が残されている。年齢要件等の見直しに当たっては，制度の整合性という観点からは，少なくとも特別養子制度については，その全体を見直すことが考えられるので，上記3で取り上げた論点のうち，年齢要件等と併せて検討することができるものがあれば，それらについても検討の対象とすることが望まれる。

　　また，特別養子と未成年普通養子，未成年普通養子と普通養子一般が密接な関係にあることを考えるならば，引き続き普通養子制度の見直しの検討を続けることが望まれる。本研究会は，その他の論点についても引き続き検討を行い，最終報告書をとりまとめたい。

一問一答 令和元年民法等改正
——特別養子制度の見直し

2020年 3 月25日　初版第 1 刷発行

編 著 者　　山 口 敦 士
　　　　　　倉 重 龍 輔

発 行 者　　小 宮 慶 太

発 行 所　　株式会社 商 事 法 務
　　　　　　〒103-0025 東京都中央区日本橋茅場町 3-9-10
　　　　　　TEL 03-5614-5643・FAX 03-3664-8844〔営業部〕
　　　　　　TEL 03-5614-5649〔書籍出版部〕
　　　　　　https://www.shojihomu.co.jp/

落丁・乱丁本はお取り替えいたします。　　　　　印刷／広研印刷株
ISBN978-4-7857-2779-6
＊定価はカバーに表示してあります。